빨간 양털 조끼의 세계 여행

빨간 양털 조끼의 세계 여행 _ 우리 앞에 펼쳐진 세계화의 진실

초판 1쇄 발행 2010년 9월 27일
초판 21쇄 발행 2024년 1월 24일

지은이 볼프강 코른 | 옮긴이 이수영 | 그린이 김은혜
발행인 이봉주 | 도서개발실장 안경숙 | 편집인 이화정
책임편집 손자영 | 디자인 손미선
국제업무 장민경, 오지나 | 마케팅 정지운, 박현아, 원숙영, 신희용, 김지윤, 황지영 | 제작 신홍섭

펴낸곳 (주)웅진씽크빅
주소 경기도 파주시 회동길 20 (우)10881
문의전화 031)956-7403(편집), 031)956-7069, 7569, 7570(마케팅)
홈페이지 www.wjjunior.co.kr | 블로그 blog.naver.com/wj_junior
페이스북 facebook.com/wjbook | 트위터 @new_wjjr | 인스타그램 @woongjin_junior
출판신고 1980년 3월 29일 제406-2007-00046호 | 제조국 대한민국

DIE WELTREISE EINER FLEECEWESTE
Eine kleine Geschichte über die große Globalisierung
by Wolfgang Korn
© 2017 Carl Hanser Verlag GmbH&Co. KG, München
Korean Translation © 2010 by Woongjin Thinkbig Co., Ltd.
All rights reserved.
The Korean language edition is published by arrangement with
Carl Hanser Verlag GmbH&Co. KG through MOMO Agency, Seoul.

웅진주니어는 (주)웅진씽크빅의 유아·아동·청소년 도서 브랜드입니다.
이 책의 한국어판 저작권은 모모 에이전시를 통해 Carl Hanser Verlag GmbH&Co. KG사와의 독점 계약으로 (주)웅진씽크빅에 있습니다.
저작권법에 의해 한국 내에서 보호받는 저작물이므로 무단전재와 무단복제를 금합니다.

ISBN 978-89-01-11247-3 43330

잘못 만들어진 책은 바꾸어 드립니다.
※주의 1_책 모서리가 날카로워 다칠 수 있으니 사람을 향해 던지거나 떨어뜨리지 마십시오. 2_보관 시 직사광선이나 습기 찬 곳은 피해 주십시오.
웅진주니어는 환경을 위해 콩기름 잉크를 사용합니다.

빨간 양털 조끼의 세계 여행

볼프강 코른 글 | 이수영 옮김 | 김은혜 그림

웅진 주니어

::차례

○ 인조 양털 조끼가
　　　이야기의 주인공이 되기까지 _ 6

○ 석유 부국 두바이
　　　- 돈으로 모든 것을 살 수 있을까? _ 20

○ 세계화의 희생양
　　　- 유조선의 모든 것 _ 38

○ 치타공에서 일어난 총파업
　　　- 방글라데시의 암담한 현실 _ 54

○ 빨간색 인조 양털 조끼의 우연한 탄생
　　　- 방글라데시 섬유 공장의 일상 _ 68

○ 흔들리는 강철 상자들의 제국
  - 유럽으로 향하는 컨테이너선에서 _ 88

○ 행운의 마스코트가 된
                빨간색 인조 양털 조끼 _ 112

○ 물고기 도둑과 불법 밀입국
  - 서아프리카에 도착한 인조 양털 조끼 _ 138

○ 목마른 자와 목마르지 않은 자
  - 망망대해를 표류하는 난민 보트 _ 170

○ 미래에 대한 전망
  - 이 이야기의 결말을 어떻게 바꿀 수 있을까? _ 190

인조 양털 조끼가 이야기의 주인공이 되기까지

첫눈에 반했기 때문은 아니었다. 절대 아니었다! 빨간색 인조 양털 조끼는 어린 소녀들이나 빨간색 유니폼을 입는 바이에른 뮌헨 팀의 축구 팬들은 좋아할지 몰라도 나처럼 보루시아 도르트문트 팀을 응원하는 냉철한 학술 전문 기자에게는 어울리지 않았다.

W백화점에서 빨간색 조끼를 처음 보았을 때도 나는 그것을 옆으로 밀어 놓았다. 내가 입고 싶었던 건 갈색 조끼였고, 베이지 색도 괜찮았다. 정 어쩔 수 없으면 파란색도 그렇게 나쁘지 않다고 생각했다. 그런데 내 몸에 맞는 조끼가 하필이면 빨간색 밖에 없었.

때는 2005년 늦가을 무렵이었다. 당시 나는 새로운 책을 집필하기 위한 기획 작업을 마무리하고 있었기 때문에 다른 상점들을 둘러볼 시간이 없었다. 게다가 출판사에서 미리 받은 계약금도 거의 다 썼기 때문에 유명 상표의 조끼를 살 만한 돈도 없었다.

그런데 추운 작업실에서 매일 여덟 시간에서 열 시간씩 컴퓨터 앞에 앉아서 원고와 씨름해야 할 긴 겨울은 어느새 코앞에 다가와 있었다. 그러니 작업실 책상에 앉아 추위에 덜덜 떨지 않으려면 어떤 식으로든 결정을 내려야만 했다. 결국 나는 두 번째로 백화점에 들렀다가 더 싼값에 할인하는 것을 보고는 빨간색 조끼를 사고 말았다.

그때는 언젠가 그 빨간색 조끼에 대해 책까지 쓰게 되리라고 누가 상상이나 할 수 있었단 말인가?

이 책이 나오게 된 과정은 이랬다. 출판사에서는 세계화에 관한 책을 출간하고 싶어 했고, 나한테도 오래전부터 그 주제에 대한 좋은 아이디어가 하나 있었다. 다만 이야기의 실마리를 풀어 나갈 적당한 주인공을 누구로 할지 아직 결정하지 못한 상태였다. 나는 출판사 사람들을 안심시키기 위해서 늦어도 크리스마스까지는 내 이야기의 주인공을 결정하겠다고 말했다. 그 주인공은 아주 빠른 속도로 우리를 드넓은 세계로, 아시아와 유럽, 아프리카와 대양으로 이끌어 갈 대상이어야 했다.

그러던 어느 날 문득 달력을 쳐다본 나는 깜짝 놀랐다. 어느새 벌써 2007년 12월 21일을 가리키고 있었던 것이다. 결국 더 이상 지체

할 수 없었던 나는 다음 날로 주인공을 결정하기 위해서 특별한 종류의 캐스팅을 시작했다. 물론 내가 선발하려는 주인공은 가수나 영화배우가 아니라 우리의 일상생활을 더 쉽고 재미있게 해 주는 말 없는 하인들이다. 토스터, 컴퓨터, MP3 플레이어, 진공청소기, 텔레비전 같은 것들 말이다.

그렇다면 우리는 이러한 대상들의 어떤 점에서 전 세계를 누비는 여행의 특성을 찾을 수 있을까? 여행의 첫 출발지는 제품이 만들어진 나라이다.

그것은 보통 제품 어딘가에 붙어 있는 작은 라벨에 인쇄되어 있다. 가령 내가 쓰고 있는 토스터는 어디에서 만들어졌을까? 홍콩이었다. 자명종은? 중국제였다. 컴퓨터는 어디 제품일까? 대만에서 조립되었다고 적혀 있다. 독일어로 쓰인 책들 중에서는 심지어 외국에서 출간된 것들도 있다. 가령 내 서재에 있는 세계 지도는 슬로베니아에서 인쇄된 것이다. 그러면 전기 주전자는? 예외적으로 독일에서 만든 제품이다. Made in Germany! 요즘엔 독일에서도 독일 제품을 찾기가 아주 힘들어서 생산자들이 그 사실을 유독 강조할 정도이다.

그러나 제품이 만들어진 나라는 그 제품의 긴 생애에서 하나의 정거장에 불과하다. 수많은 제품들의 여행은 원료를 구입하는 단계에서 시작해 쓰레기 처리장이나 재활용 센터에서 이루어지는 최종적인

활용 단계까지 이어진다.

그럼 이제 다시 캐스팅으로 돌아가자. 나는 흥미로운 몇몇 후보 중에서 가장 좋아하는 주인공을 마음속으로 이미 뽑아 놓은 상태였다. 바로 노트북이었다. 내 노트북에는 미국 상표가 붙어 있었다. 프로세서는 독일 뮌헨에서 완성되었고, 대만에서 조립된 제품이었다. 이 정도면 세계화라는 주제를 다루기에는 충분해 보였다.

그러나 나는 여전히 최종적인 결정을 내릴 수가 없었다. 내가 원했던 이야기는 주인공으로 선택한 대상의 삶을 원료 획득에서 시작해 고철이 될 때까지, 또는 재활용이 될 때까지 계속 추적할 수 있는 것이어야 했다. 그런데 수많은 부품으로 이루어진 대상을 선택하면 이야기의 방향을 동시에 여러 군데로 확대할 수밖에 없다는 점이 문제였다. 그것은 무척 힘든 작업일 뿐만 아니라 시간도 많이 소요되는 일이었고, 나중에 독자들이 읽기에도 지루할 수 있었다. 결국 나는 최종 결정을 다음 날인 12월 23일로 미루었다.

다음 날 나는 거실에서 텔레비전을 보고 있었다. 매년 크리스마스 무렵이면 그렇듯이 이번에도 노숙자들과 가난한 사람들, 피난민 등 도움의 손길이 필요한 사람들을 다룬 방송들이 눈에 띄게 많았다.

그중 한 프로그램은 에스파냐의 카나리아 제도에 닿기 위해서 작은 보트에 몸을 실은 채 대서양을 건너온 아프리카 난민들을 다룬 것이었다. 60명이 넘는 사람들이 작은 보트에 다닥다닥 붙어 앉아 열흘 동안 온갖 비바람을 무릅쓰고 망망대해를 표류했다. 마지막 며칠은 먹을 물조차 다 떨어졌다고 했다.

마침 현장에 있던 한 여행객이 당시의 극적인 상황을 비디오카메라로 담은 영상이 나왔는데, 해안에 도착한 난민들이 쓰러져 있는 모습이었다. 카메라는 잠시 빨간색 조끼를 입은 한 청년을 포착했다.

아니, 빨간색 조끼? 순간 내 머릿속에서 종이 울렸다. 잠깐! 혹시 내가 입었던 인조 양털 조끼 아닐까?

몇 개월 전에 나는 저 아프리카 청년이 입은 것과 똑같은 조끼를 하노버에 있는 헌옷 수거함에 버린 적이 있었다. 그런데 최근에 읽은 신문에 따르면 그런 옷들 대부분이 서아프리카로 보내져 그곳 사람들에게 팔린다는 것이다.

나는 심지어 청년이 입은 조끼의 왼쪽에서 내 조끼에 묻었던 것과 똑같은 붉은 포도주 자국을 보았다는 생각까지 들었다. 혹시 오른쪽이었던가? 아니면 단지 화질이 좋지 않아서 그렇게 보였던 걸까? 나는 오후 내내 아무 일에도 제대로 집중하지 못했다. 그게 내 조끼였을까? 혹시 내 조끼였을 가능성도 있지 않을까?

그날 저녁 나는 여자 친구에게 아프리카 난민 청년이 입었던 빨간색 조끼에 대해 이야기했다. 그러자 그녀가 놀랍다는 듯이 물었다.

"그게 정말 당신 조끼였다고 믿어요?"

"나도 잘 모르겠네."

"요즘은 그런 조끼들이 대량으로 만들어지는 시대잖아요."

"그야 그렇지. 그게 내 조끼였는지는 나도 잘 모르겠어. 붉은 포도주 자국이 있다는 것 외에는 별다른 특징이 없었으니까. 당신이 내 조끼를 헌옷 수거함에 내다 버린 것도 그 자국 때문이었잖아."

"설마 지금 그 자국이 있는지 확인하려고 카나리아 제도까지 가서 난민 수용소를 찾아가려는 건 아니겠죠?"

"그럴 리가 있겠어! 어차피 그럴 만한 돈도 없고. 게다가 그렇게 해 봐야 무슨 소용이 있어야 말이지. 대서양을 건너오는 동안 조끼는 비바람에 닳고 더러워졌을 거야. 설령 포도주 자국이 있었다고 해도 수많은 자국들 중 하나에 불과해서 제대로 알아보지도 못할 텐데."

"어쨌든 그 사람들은 간신히 죽을 고비를 넘겼고, 당신은 당신 조끼를 찾았으니 다행이군요."

그러나 나한테는 그게 문제가 아니었다. 그것이 정말 내가 입었던 인조 양털 조끼였는지 아니었는지는 별로 중요하지 않다. 결정적인 것은 그것이 내 조끼일 수도 있다는 생각 그 자체였다.

텔레비전에서 빨간색 양털 조끼를 본 뒤로 한 가지 문제는 더 이상 신경 쓰지 않게 되었다. 이제 누가 내 이야기의 주인공이 되어야 할지에 대해서는 오랫동안 고민할 필요가 없어졌다. 노트북이나 자명종보다는 빨간색 인조 양털 조끼의 흥미진진한 이야기가 전 세계의 모든 것이 모든 것과 연관되어 있는 오늘날의 상황을 훨씬 잘 보여줄 수 있었기 때문이다.

독일의 헌옷 수거함에서 나온 빨간색 인조 양털 조끼를 입은 아프리카 청년은 어쩌다가 대서양을 표류하게 되었을까? 그 조끼는 어떻게 아프리카로 보내졌을까? 조끼는 어디서 만들어졌고, 조끼의 원료는 어디서 구했을까? 가난한 나라에 사는 사람들은 왜 수백 명씩 자기가 살던 곳을 떠나 작은 보트 하나에 의지한 채 부유한 나라로 가려는 걸까? 그들의 나라는 왜 그렇게 가난할까? 그 모든 것의 대답은 바로 세계화에 있었다.

2007년 크리스마스이브. 다른 사람들은 크리스마스트리 아래서 선물을 주고받으며 마음껏 축제를 즐기는 동안 나는 컴퓨터 앞에 앉아 새 문서 파일을 열었다.

나는 조끼의 모습을 정확하게 떠올리려고 애썼다. 가장 눈에 띄는 것은 단연 색깔이었다. 새빨간 색이었고, 인조 양털로 만든 것이었다. 인조 양털은 말 그대로 진짜 털처럼 부드러웠다. 그것이 목화 같은 식물성 섬유나, 털이나 가죽 같은 동물성 섬유로 만들어지지 않았다는 사실이 도저히 믿기지 않을 것이다. 인조 양털은 합성 섬유로 만들어지며, 합성수지인 폴리에틸렌으로 이루어져 있는데, 폴리에틸렌은 석유에서 얻을 수 있다.

그런데 인조 양털 조끼의 이야기를 정확히 어디서 시작해야 할까? 인조 양털 조끼가 처음으로 언급되는 곳, 다시 말하면 이 제품을 주문하려는 곳에서 시작해 보자.

2005년 5월 10일. W백화점 본사는 귄터스로 근처 오버하우젠과 하노버 사이를 오가는 A2 고속도로 바로 옆에 있다. 밖에는 봄 햇살이 따스하게 내리쬐는 동안 회의실에서는 방금 소나기가 한차례 훑고 지나갔다. 신년 맞이 상품과 여름 상품, 또는 가을/겨울 신상품 주문을 준비해야 하는 기간에는 모든 직원이 팽팽한 긴장감 속에서 전력을 다해야 했다.

그런데다 수년간 구매 담당 책임자였던 베르너 비트코프스키와 마케팅 책임자로 갓 부임한 엘프리데 운루의 의견이 사사건건 팽팽하게 맞섰다. 비트코프스키는 큰 변화를 원하지 않았던 반면에 운루는 어떤 식으로든 각 백화점 매장에 더 많은 활기를 불어넣고 싶어 했기 때문이다.

오늘 회의에 올라온 품목은 여성과 남성을 위한 다양한 소재의 겨울 재킷, 두꺼운 옷감으로 만든 겨울 바지, 면이나 폴리에스테르 소재의 스웨터, 코르덴과 인조 양털로 만든 재킷과 조끼 등이었다. 그 밖에도 다양한 제품들을 소개하는 수많은 상품 안내서들을 처리해야 했다. 이 안내서들은 대부분 중국에서 보내온 것이었기 때문에 서투

른 영어로 작성되어 있었다.

얼마 전부터 중국의 섬유 생산자들이 유럽의 대형 상점과 백화점에 제품을 공급하겠다는 제안서를 수없이 보내왔다. 거의 모든 제품이 경쟁 국가인 불가리아와 방글라데시, 또는 터키에서 만든 제품들보다 훨씬 값이 쌌다. 그래서 W백화점에서도 신발과 스키복, 셔츠를 비롯한 몇몇 제품을 중국에 주문하기로 결정했다.

"자, 그럼 이제 인조 양털 제품을 논의해 봅시다."

사장이 제안했다. 비트코프스키는 이번 만큼은 제동을 걸어야 한다고 생각했다.

"우리는 지금까지 항상 방글라데시의 BGI 섬유 공장에 주문했습니다. 그들은 적당한 가격에 나무랄 데 없는 물건을 만들어 왔습니다."

"이 분야에서는 품질은 그다지 중요하지 않아요!"

엘프리데 운루가 이의를 제기했다.

"고객들은 그 제품을 5년을 입을 수 있는지, 1년을 입을 수 있는지 하는 것에는 신경 쓰지 않아요. 겉모습이 그럴 듯하게 보이는 걸 더 좋아하죠. 요즘 섬유 분야에서는 단 한 가지 추세만 있어요. 그것은 '싸게, 더 싸게, 가장 싸게'입니다. 중국인들은 모든 것을 만들어 내고 있어요. 유명 상표의 옷처럼 그럴 듯하게 보이면서도 값은 아주 싸죠."

그러자 비트코프스키도 자신의 의견을 굽히지 않았다.

"우리는 지금까지 항상 방글라데시에서 구입했다고 말하지 않았습니까!"

"그게 어쨌다는 거죠?"

"우리한테 어느 정도 책임감이란 게 있는 거 아닐까요?"

"그렇지 않아요! 누구나 언제든 다른 곳에 주문할 수 있는 거예요."

"우리는 소유주들에 대해서는 당연히 책임감을 가져야 합니다. 그들은 자신들의 몫을 더 많이 배당 받고 싶어 하니까요."

사장이 중간에 끼어들었다.

"우리의 고객들에 대해서도 마찬가지입니다."

비트코프스키가 말했다.

"고객들은 괜찮은 가격에 좋은 제품을 사고 싶어 합니다. 중국인들이 우리에게 약속한 물건을 실제로 공급할 수 있을까요? 공급 날짜를 제대로 지켜 줄까요? 제품의 품질이 최소한의 요구를 충족시킬 수 있는 것일까요? 유독성 염료를 사용하지는 않을까요? 반면에 BGI는 지난 13년 동안 적절한 가격에 언제나 똑같은 품질의 제품을 공급해 왔습니다."

"좋습니다. 그럼 올해까지는 인조 양털 제품을 방글라데시에서 주문하기로 합시다."

사장이 결정을 내렸다.

점심시간이 끝나자 그의 비서는 책상 앞에 앉아 주문 목록을 작성했다. 비서는 완성된 주문서를 다시 한 번 담당 부서 부장에게 가져가 결재를 받았고, 곧바로 중국과 방글라데시로 팩스를 보냈다.

방글라데시로 보낸 팩스에는 상세한 주문 내역이 적혀 있었다. 한 줄로 박음질 처리한 솔기, 가운데 지퍼, 안쪽 측면에 주머니가 달린 100퍼센트 인조 양털 조끼 1천 장. 색상은 베이지, 파란색, 회색, 갈색.

그런데 참 이상한 일이었다! 주문서 어디에도 빨간색 인조 양털 조끼는 없었다.

 # 세계화는 무엇을 보고 알 수 있을까?

인류가 사용하는 가스라이터의 70퍼센트는 중국의 원저우라는 한 지방에서 모두 생산되며, 거기서 만들어진 라이터가 전 세계로 수출된다.

미국인들이 저녁에 배가 고파서 피자 가게에 치즈를 듬뿍 얹은 참치 피자를 주문하면, 인도에 있는 콜센터가 주문을 받아서 인터넷을 통해 미국에 있는 해당 지점으로 주문을 전달한다.

북해에서 갓 잡아 올린 새우는 잡자마자 바로 냉동 상태로 보관된다. 항구에 도착하면 냉동된 새우는 즉시 유럽을 횡단하는 냉동차로 옮겨져 지중해에 면한 모로코로 운반된다. 여기서 껍질을 벗긴 새우는 다시 독일로 보내진다. 상상하기 어려운 일이지만 독일의 새우 판매업체나 미국의 피자 체인점, 전 세계의 라이터 판매업자들은 이런 방법으로 많은 비용을 절감할 수 있다. 후진국의 임금 비용은 보통 선진국의 10분의 1에도 미치지 못하기 때문이다.

세계화, 즉 '글로벌라이제이션'이라는 말은 우리가 살고 있는 행성, 전 세계 모든 나라와 바다가 그려진 지구를 나타내는 라틴어 '글로부스(Globus)'에서 유래했다. 독일에서 태어난 미국의 경제학 교수 테오도르 레빗은 1983년 지구상의 모든 경제 활동이 밀접하게 연관되어 있는 상황을 함축적으로 표현할 수 있는 용어를 찾으려 했다. 지금까지 그렇게 많은 사람이 그렇게 많은 물건들을 세계 곳곳에서 교환하던 시기는 일찍이 없었기 때문이다. 그것은 단지 물품뿐만이 아니라 이념과 유행, 예술의 교환이었고, 다른 무엇보다도 돈의 교환을 의미했다. 테오도르 레빗은 이제 더 이상 혼자 일하는 사람은 없다고 생각했다. 아프리카의 가난한 농부조차 혼자 일하는 것이 아니었다. 우리의 행동과 우리가 만들고 사는 물건은 전 세계 모든 사람들에게 영향을 미친다. 경제는 더 이상 한 마을, 한 도시, 한 국가에만 국한된 것이 아니라 하나의 그물망으로 전 세계와 결합되었고, 여기서 세계화라는 말이 탄생했다.

석유 부국 두바이

― 돈으로 모든 것을 살 수 있을까?

2005년 8월 10/11일 밤. 언젠가 내 인조 양털 조끼를 만들게 될 원료인 석유가 나오는 곳이다.

그런데 우리가 있는 곳이 어디일까? 해안에서 가까운 바다 위다. 밤인데도 바다에는 더운 바람이 불고 있다. 우리 주변으로 거대한 크리스마스트리 같은 조명탑들이 바다 위로 높이 솟아 있다. 이곳은 24시간 동안 석유를 끌어올리는 채굴 현장이다. 인근에 있는 해안가 전체도 불빛이 환하게 밝혀져 있다.

이런 광경은 육지에 있는 유전(시베리아)과 북해(노르웨이 앞바다) 유전, 수단 앞바다의 아프리카 유전, 베네수엘라 등의 남아메리카 유전에서는 보기 어렵고, 거의 중동 지역에서만 볼 수 있다. 이곳은 단지 조명 몇 개만 밝혀 놓은 게 아니라 해안가 전체가 거대한 대목장처럼 불야성을 이루고 있다. 그래서 심지어는 1만 미터 높이의 하늘에서도 야간 비행기를 탄 승객들이 아래를 내려다보기 위해서 목을 빼고 구경할 정도였다. 승객들 대부분은 해안선 바로 앞으로 보이는 휘황찬란한 불빛 속에서 하나의 원으로 둘러싸인 거대한 야자수의 형태를 알아볼 수 있다.

이 야자수 모양의 인공 섬을 보면 모든 게 분명해진다. 우리는 지금 페르시아 만의 두바이에 와 있다. 두바이는 막대한 석유 매장량 덕분에 지난 20~30년 동안 단순히 부자가 아니라 어마어마한 부를 축적한 아랍에미리트 연방에 속해 있다. 해안가에 밝혀진 조명은 축제를 위해 일시적으로 밝힌 것이 아니라 일상생활 속의 모습이다. 막대한 천연가스와 석유를 매장하고 있으니 전기세를 걱정하는 사람이 없는 것이다.

2005년 8월 11일. 채굴 현장에서 일하는 한 기술자가 두바이 석유 플랫폼에서 지하에 있는 석유 저장통의 뚜껑을 열었다. 그러자 시추 관을 타고 곧바로 석유가 위로 올라왔다. 석유 화합물은 1억 5천만년 동안 이물질이 들어가지 않고 밀폐된 상태로 굳어진 암석층에서 생성되었다. 이 화합물은 부글부글 끓어오르는데, 이때 많은 양의 가스를 방출하기 때문에 강한 압력을 받고 있다. 예전에는 자연적으로 거대한 석유 분수가 생기면서 거기에 불이 붙는 일도 종종 일어났다. 그러나 오늘날 석유는 채굴되는 즉시 송유관을 통해서 옮겨진다.

그런데 석유 화합물은 원래 어떻게 생성되었을까? 그것을 알아보려면 2억 년에서 9억 년 전으로 돌아가야 한다. 당시에는 거대한 바다인 원시 대양만 하나 있었고, 오늘날 존재하는 모든 대륙은 하나로 연결된 거대한 땅덩어리를 이루고 있었다. 이 땅덩어리 주변에 드넓은 지역이 있었는데, 오늘날의 모래톱처럼 바다가 상당히 평평한 지역이었다. 바로 여기가 최초의 생명체들이 살아 움직이는 곳이었다. 주로 홍조류와 녹조류 외에 작은 동물들도 있었는데, 해파리처럼 생긴 동물과 환형동물, 최초의 산호 종류, 성게와 불가사리의 전신이 된 극피동물들이었다.

당시 지구의 맨틀은 아직 오늘날처럼 딱딱하게 굳은 상태가 아니라 위아래로, 또는 옆으로 움직였고, 그로 인해 조금 큰 규모의 바다 웅덩이가 대양과 분리되는 일이 자주 발생했다. 이 웅덩이에는 수많은 생물들이 살고 있었는데, 이들은 죽은 뒤에 대양으로 흘러들어 가지 못하고 바닥에 가라앉았다. 그것은 다른 생물에게 먹히거나 세균에 의해 분해되지 못할 정도로 엄청난 양이었다.

산소가 없으면 죽은 생물들의 몸이 산화되어 없어지지 않는다. 그 때문에 거기서 진흙 같은 덩어리가 생겼고, 수백만 년이 흐르는 동안 이 진흙 덩어리 위에 모래와 진흙뿐 아니라 거대한 흙덩어리가 계속 쌓였다. 그 주위로 아무것도 통과시키지 않는 층들이 형성되어 사방에서 에워싸면서 높은 열과 강한 압력 속에서 수많은 탄화수소 화합물이 생성되었다. 여기에 열과 압력, 몇몇 세균들이 이 화합물의 분해에 가세하면서 마침내 석유가 탄생했다.

석유의 생성 원인은 여전히 수수께끼로 남아 있다. 그 과정이 정확히 어떤 식으로 진행되었는가는 오늘날까지 밝혀지지 않았다. 그러나 그 과정의 끝에는 작은 기적이 기다리고 있었다. 오직 에너지와, 다른 귀중한 구성 성분으로만 이루어진 물질이 탄생한 것이다.

자연이 수백만 년 전에 엄청난 양의 석유와 천연가스, 석탄을 만들어 내지 않았다면, 인류는 여전히 육지에서는 마차로 바다에서는 범선을 타고 여행을 다녔을 것이다. 또한 오늘날 우리가 알고 있는 세계화도 존재하지 않았을 것이다. 그런데 지구에 매장되어 있는 석유는 매우 불평등하게 분배되어 있다. 어떤 나라에서는 석유가 한 방울도 나오지 않거나 아주 적은 양만 나오는 반면에 어떤 나라에서는 석유에서 수영을 할 정도로 펑펑 쏟아져 나온다. 어마어마한 매장량 덕분에 갑부가 된 대부분의 중동 국가들이 그런 경우이다.

이제 다시 2005년 8월 11일 이른 아침으로 돌아가 보자. 석유가 채굴되고 있고, 시추 플랫폼 근처에는 유조선 몇 대가 정박해 있다. 길이가 187미터에 달하는 마드라스 호도 그중 하나이다.

 석유는 채굴 현장에서 곧장 유조선으로 옮겨지는 것이 아니라 해저에 설치된 송유관을 통해 육지에 있는 중간 저장실로 옮겨진다. 깊은 해저에서 올라오는 것은 우리가 바로 사용할 수 있는 석유가 아니라 기름과 가스, 소금물, 그밖에 다른 불순물들이 혼합되어 있는 물질이기 때문이다. 거기에는 아직 쓸데없는 찌꺼기가 너무 많이 포함되어 있어서 그것을 걸러 낸 뒤에야 비로소 운송할 수 있었다.

 따라서 송유관을 통해 올라오는 이 혼합물은 먼저 저압 탱크로 보내진다. 여기서 천연가스가 분리되어 다른 곳으로 보내지는데, 두바이 사람들은 이 가스를 특히 거대한 발전소를 가동하는 데 사용한다. 또 다른 탱크에서는 아래로 가라앉은 무거운 소금물을 펌프로 퍼낸다. 그런 다음에는 고열과 전압을 가하고 화학약품을 첨가해 나머지 물과 다른 혼합물들을 분리시킨다. 이런 과정을 통해 걸러진 물질이 바로 유조선이나 송유관을 통해 문제없이 운송될 수 있는 원유이다.

 대부분의 유조선은 해안가에서 조금 떨어진 곳에 정박해 있다. 운송 주문을 기다리고 있는 것인데 때로는 몇 주씩 대기하는 경우도 많다. 마드라스 호도 벌써 72시간째 기다리고 있었다. 날이 조금 서늘해지는 아침저녁이면 판 데르 발트 선장은 선장실이 있는 선교에서 망원경으로 해안가를 살펴보았다. 그는 두바이에 올 때마다 자신이 중동이 아니라 공상 과학 영화에 나오는 우주 정거장에 와 있다는 인상을 받았다.

초고층 건물들의 꼭대기 층에는 파란색 불빛이 들어와 있어서 섬뜩한 머리통 같은 느낌을 주었다. 다른 건물들은 로켓을 도킹하는 정거장처럼 보였다. 벽이 없는 작업대로만 이루어진 이 고층 탑들은 불이 환하게 켜져 있었고, 여러 대의 크레인으로 둘러싸여 있었다. 그러나 우주선 도킹 정거장처럼 보이는 탑이 사실은 장차 완성될 초고층 건물의 골격만 세운 건설 현장이라는 사실을 판 데르 발트 선장도 알고 있었다.

2005년 8월 14일. 해질녘이 되자 마드라스 호는 드디어 제벨 알리 항의 석유 시설로 들어와도 좋다는 승인을 받았다. 수많은 컨테이너선들이 정박해 있는 두바이 제벨 알리 항은 중동 최대의 물류 항이었다. 유조선들은 물에 잠기는 부분이 워낙 깊었기 때문에 석유 시설은 항구 밖 바다에 자리 잡고 있었다.

다음날 오전 8시 경 유조선은 드디어 원유 공급 시설에 닿았다. 그곳에는 크레인 3대에 거대한 송유관이 매달려 있었다. 이 송유관을 유조선 갑판으로 내려 보내 유조선의 송유관 시스템과 연결시키면 원유는 즉시 유조선으로 옮겨졌다. 그러나 선체가 200미터에 달하는 유조선에 기름을 가득 채우려면 아직 몇 시간은 더 기다려야 했다.

    같은 시각, 인도인 사덱과 그의 동료들은 변두리에 있는 허름한 숙소에서 방금 아침 식사를 끝마쳤다. 이들은 두바이 시민의 4분의 3 이상을 차지하는 외국인 노동자들로서 두바이에서 행해지는 거의 모든 노동은 이들의 몫이었다. 두바이의 외국인 노동자들은 석유 시추 현장과 건설 현장에서 일하고 있고, 레스토랑이나 부유한 두바이 사람들의 집에서 요리를 하거나 시중을 든다. 정원을 가꾸고, 거리를 청소하고, 택시를 운전한다. 한 달에 약 150에서 250유로 정도를 버는데, 그중 대부분을 고향에 있는 가족들에게 보낸다. 이들의 가족들 중에는 이 돈에만 의지한 채 살아야 하는 경우가 많다. 반면에 서양에서 온 외국인 노동자들은 훨씬 많은 돈을 받는데, 고향에서 받는 임금보다 거의 두 배 이상 많다. 이들은 초고층 건물의 건설 현장에서 책임자로 일하거나 낙타 사육 농장의 동물 의사, 또는 시추 현장의 엔지니어로 일한다.

    반면에 인도인 사덱은 옛 항구에 있는 소규모 상선에서 짐을 실어 나르는 잡역부로 일한다. 그는 자전거를 타고 인근에 있는 크릭 만으로 향했다. 만은 육지 속으로 파고든 바다의 지류로, 크릭 만은 저 멀리 사막까지 10킬로미터 가량 뻗어 있다. 수백 년 전부터 자연항으로 이용되고 있는 곳이다. 이곳에는 수백 년 전부터 나무배들이 정박해 있는데, '다우'라고 불리는 이 나무배는 만을 터전으로 삼아 살아가는 아랍인들의 전통적인 배이다.

40년 전만 해도 크릭 만 뒤로 작은 해외 영업소가 한 군데 있었다. 돌로 지은 집들은 거의 드물었고, 대부분이 흙으로 지어졌으며 지붕은 야자수 잎으로 덮여 있었다. 오늘날에도 나무배들은 페르시아 만에서 거래되는 거의 모든 물품들을 실어 나른다. 가령 자동차 타이어를 잔뜩 실어 운반하거나 썩지 않는 생활필수품을 담은 상자들, 또는 멀리 동양에서 수입한 전자 제품들을 실어 나른다.

사덱과 동료들이 오전 내내 뜨거운 태양 아래서 무거운 짐을 내려 육지로 끌고가는 동안 아랍인 선장은 옆에서 욕을 하면서 작업을 감독했다. 그럼에도 불구하고 일꾼들은 오늘은 그나마 괜찮은 날이라며 기뻐할 수 있었다. 일거리가 없을 때는 몇 시간이고 그늘에 앉아 무료하게 기다려야 할 때도 종종 있었기 때문이다.

다우 배들은 오늘날에도 크릭 만에 정박해 있지만 그 뒤로 형성된 도시는 지난 15년 동안 완전히 탈바꿈했다. 판 데르 선장이 1990년에 유조선을 이끌고 처음 두바이에 왔을 때는 해안과 나란히 뻗은 셰이크 자이드 로드 공사가 막 완공될 무렵이었다. 당시 외국에서는 '두바이의 화려한 대로'를 보고 비웃었다. 이 도로가 대부분의 지역이 아직 개간되지 않은 사막으로 뻗어 있었기 때문이다. 그러나 오늘날 이 8차선 중심 도로는 수많은 고층 건물들과 호텔, 아파트에 둘러싸여 밤낮으로 활기에 차 있다. 두바이에서는 15채 이상의 고층 건물들이 동시에 지어지고 있고, 앞으로도 얼마나 많은 건물들이 세워질지는 알 수가 없다. 비교를 하자면 프랑크푸르트에 있는 고층 건물은 겨우 19채에 불과하다.

규모가 작은 고층 건물들은 일반적인 사각형 건축물인데 반해 대형 고층 건물들은 매우 경쾌한 인상을 준다. 예를 들어 두바이를 대표하는 최고급 호텔 '부르즈 알 아랍(아라비아의 탑)'은 배의 부풀어 오른 돛 모양을 형상화했다. 타워 호텔의 전면은 야자수의 기둥 모양을 본떠서 지었고, 주메이라 비치 호텔은 거대한 미끄럼대처럼 생겼다.

그러나 이 모든 건물들도 현재 세계 최고층 건물인 '부르즈 할리파'에 비하면 아무것도 아니다. 높이가 828미터나 되는 부르즈 할리파에는 상업 시설, 초호화 아파트, 오락 시설 등이 들어서 있다.

2005년 8월 14일 저녁 무렵. 마드라스 호의 기름 탱크는 3분의 1가량 채워졌다. 탱크를 가득 채우려면 보통 36시간에서 40시간 정도가 걸린다. 마드라스 호 규모의 유조선은 석유 1백만 배럴을 실을 수 있는데, 이는 대략 1억 5천 9백만 리터에 해당하는 양이다.

각각 분리되어 있는 탱크 6대에 기름을 채우고 비우는 작업은 포르투갈 출신의 유조선 엔지니어인 라울이 마드라스 호에서 직접 관리했다. 유조선에는 여러 개의 감지기와 치밀하게 짜인 컴퓨터 프로그램에 의한 감시 시스템이 구축되어 있어서 탱크 6대에 석유가 균일하게 채워질 수 있도록 철저한 감시가 이루어진다. 그렇지 않으면 유조선이 기울어지거나 선체가 신발 상자처럼 찌그러질 수도 있기 때문이다.

이때쯤이면 석유 회사도 진행 상황을 알기 위해서 무선으로 연락을 취해 온다. 시간이 곧 돈이기 때문이다. 석유 회사는 유조선 사용료로 하루에 5만 달러를 지불해야 한다. 다시 말하면 유조선에 원유를 싣는 시간만 따져도 적어도 7만 5천 달러를 지불한다는 말이다. 거기다 시간이 지연되면 시간당 2800달러를 추가로 지불해야 한다. 그 때문에 석유 회사는 가능한 한 작업을 빨리 진행시키기 위해서 압력을 가하려고 한다. 그러나 판 데르 발트 선장과 그의 엔지니어는 경험이 풍부한 진짜 뱃사람이기 때문에 웬만해서는 침착함을 잃는 법이 없다.

2005년 8월 15일. 셰이크 자이드 로드. 영국제 랜드로버 자동차를 타고 금요 예배를 보러 모스크(이슬람교의 사원)로 가는 대다수 아랍인들은 시추 탑과 석유 시설을 가까이서 본 적이 거의 없다. 하지만 상관없다. 석유에 대해서 굳이 알아야 할 필요는 없었다. 그것을 소유하고 있으면 그만이니까 말이다. 이제 갓 13살이 된 모하메드처럼 두바이에서 현지인의 아들로 태어난 경우라면 석유나 돈에 대해 걱정할 필요가 전혀 없었다. 이곳 아랍인들은 대부분 은행 이자나 투자 수익금으로 생활한다. 상점과 아파트에서 나오는 임대료나 주식과 유가 증권을 통해 얻는 돈으로 생활하는 것이다. 또는 현지 아랍인이 운영하는 회사나 외국계 회사에서 책임자로 일한다. 두바이에 있는 외국 기업은 현지인 책임자를 두지 않으면 기업 활동을 할 수가 없다. 모하메드의 아버지도 석유 정제 시설과 석유 항만을 운영하는 한 회사에서 간부로 일하고 있다. 그가 하는 일은 하루에 한두 번 현장을 돌아보고 몇 가지 서류에 사인을 하는 것이 전부다. 나머지 일은 저절로 돌아가기 때문이다.

두바이에서는 누가 어디서 이자와 투자 수익금을 받고 어떤 감독직을 얻는가는 어느 씨족에 속해 있는가에 따라 결정적으로 좌우된다. 자신이 속해 있는 씨족이 통치자 집안과 가까운 친척 관계일수록 그에게 돌아가는 몫도 그만큼 크다. 씨족은 갱단과 비슷하다. 그러나 자신이 선택하는 것이 아니라 태어나면서부터 소속되는 갱단이며, 광범위하게 퍼져 있는 친척 관계로 이루어져 있다. 씨족은 구성원들의 모든 것을 규정한다. 모하메드도 그런 사실을 피부로 느끼고 있다. 오전에는 학교에 가야 하고, 오후에는 일주일에 두 번 코란 학교를 다녀야 한다. 내년에는 스위스에 있는 기숙 학교에 들어가야 한다.

그러나 우선은 매주 금요일 모스크에 가야하고, 예배가 끝난 이후에 이어지는 가족들의 식사 시간을 견뎌야 한다. 이 자리에서 모하메드는 질문을 받았을 때만 말을 할 수 있다. 이는 아랍 국가에서는 불문율로 여겨진다. 씨족의 모든 구성원이 모이는 식사 시간은 전통적인 규범에 따라 엄격하게 진행된다. 남자들은 모두 '부르누스'라고 하는 긴 흰색 옷을 입고 터번을 두른다. 남자들은 남자들끼리만 모여 앉고, 가족 식사에서도 여자들과 아이들은 다른 곳에서 따로 먹는다. 식사는 바닥에 앉아서 하는데, 바닥에는 보통 넓고 비싼 페르시아 산 양탄자가 깔려 있다.

모하메드가 가족들이 있는 곳으로 들어가자 전채 요리가 담긴 여러 개의 쟁반들이 건네졌다. 소금에 절인 가지 요리와 올리브, 이집트 콩을 으깨서 만든 샐러드, 참깨, 마늘 크림, 녹색과 갈색, 오렌지색 소스들이었다. 주요 요리는 이번에도 전통 음식으로 숯불과 프라이팬에 구운 양고기와 즙이 풍부한 소스에 담가서 절인 양고기와 밥이었다.

밥은 오른손으로 먹어야 한다. 누군가 왼손으로 밥에 손을 대면 모두가 구역질을 하면서 화들짝 놀랄 것이다. 사막에서 유목 생활을 하던 아랍인들은 지난 수백 년 동안 변을 보고 닦을 때 왼손을 사용했기 때문이다. 오늘날에는 월풀 욕조와 비데, 도금이 된 초호화 화장실을 갖춘 집에서 살고 있지만, 과거에 대한 기억은 그들의 뇌리에 깊이 뿌리 박혀 있다. 그래서 밥은 언제나 오른손으로만 먹는다.

두바이 사람들은 자신들이 더 이상 가난한 유목민이 아니라는 사실을 전 세계에 보이고 싶어 한다. 그래서 21세기의 가장 현대적인 도시를 세웠다. 그들은 가장 빠른 자동차를 타고, 두꺼운 금반지와 시계를 차며, 골프를 즐긴다. 또한 대규모 수행원을 이끌고 뉴욕, 런던, 뮌헨 등지를 여행하면서 최고급 호텔에만 묵는다. 그러나 그와 동시에 자신들의 전통적인 생활 방식에서도 탈피하려 하지 않는다.

식사 시간이 끝나자 남자들은 다시 남자들끼리 모여 앉아 '시샤'라고 불리는 전통 아랍식 물담배를 피우면서 차와 향이 강한 모카커피를 마셨다. 씨족장이 모하메드에게 물었다.

"모하메드, 넌 나중에 어디서 공부하고 싶냐? 미국이나 영국에 있는 좋은 대학들 중에서 네가 갈 만한 곳을 골라 놓았냐?"

모하메드는 얼굴이 빨개져서 바닥만 바라보았다. 거짓말을 하고 싶지는 않았지만 그렇다고 사실을 말할 용기도 나지 않았다. 그러자 모하메드의 아버지가 대신 대답했다.

"모하메드가 가장 원하는 건 아이스하키 선수가 되는 것입니다."

방 안에 모여 있던 남자들이 모두 웃음을 터뜨렸다. 세상에서 가장 부자 나라에 사는 사람들도 자기가 원하는 것을 마음대로 할 수 있는 건 아니었다. 최종 결정권자는 언제나 아버지나 씨족장이었다.

씨족장이 찻잔을 내려놓더니 손을 맞잡으면서 모하메드를 바라보았다.

"모두들 자기 하고 싶은 대로만 했다면 우리는 모두 자동차 경주 선수나 포커 선수, 또는 낙타 경주 기수가 되었을 게다. 그랬다면 두바이에는 외국인들이나 외국계 석유 회사가 소유한 고층 건물들만 몇 채 있었을 테지. 우리는 각자 알라께서 정해 주신 자리를 지키면서 대가족 안에서 힘을 합쳐 살아갈 때만 강하단다. 우리 땅에서 나오는 석유는 머지않아 바닥을 보일 게다. 물론 그동안 모은 재산을 현명하게 투자해서 돈은 충분히 있다. 하지만 우리에겐 다양한 전문 지식이 부족하단다. 초고층 건물들은 어떻게 지을까? 휴대폰은 어떻게 생산

하고 이동 통신망은 어떻게 구축할까? 어떻게 하면 1천 명 이상의 직원을 거느린 대규모 호텔이나 복합 놀이 시설을 효율적으로 관리할까?

우리는 현재 이 모든 일에 외국인들의 힘을 빌고 있단다. 그러니 두바이 최고의 아들들은 똑똑한 엔지니어나 경영자가 되어야 한다는 것이다. 내가 두바이 최고의 아들들이라고 할 때는 모하메드 너도 포함해서 말하는 거란다. 내 말 알아들었냐?"

모하메드는 그저 바닥만 응시한 채 아무 말도 하지 않았다. 그의 생각은 이미 아이스하키 장을 맴돌고 있었다. 모하메드는 그렇게 남은 식사 시간을 견뎌 냈다.

드디어 지루한 식사 시간이 끝났다. 파키스탄 출신의 운전사가 모하메드를 스케이트장까지 태워다 주었다. 사막의 땅 두바이에도 정말로 스케이트장과 진짜 눈으로 뒤덮인 실내 스키장이 있었다. 석유와 천연가스가 넘칠 정도로 많은 나라다 보니 이런 시설들을 유지하려면 막대한 비용이 들어간다는 사실에 신경을 쓰는 사람이 없었다.

탈의실로 들어가니 아이스하키 클럽의 다른 친구들은 이미 모하메드를 기다리고 있었다. 모하메드는 곧바로 아이스하키 복장으로 갈아입고 자신의 스틱을 꺼내 들었다. 모두 미국 제품이었다. 경기장 안에서는 그들의 트레이너가 벌써 얼음 위를 몇 바퀴 돌면서 준비를 하고 있었다. 그는 퍽을 강하게 때려 골대의 왼쪽 구석으로 밀어 넣었다. 트레이너는 캐나다 출신으로 그곳 프로팀에서 몇 년간 선수로 활약하던 사람이었다. 예전의 프로 선수였던 그가 두바이 청소년들에게 아이스하키를 가르치면서 보수를 얼마나 받고 있는지는 확인할 수 없다. 두바이의 겨울 스포츠 활동에 대한 정보는 인터넷 주소 www.skidxb.com에서 확인할 수 있다.

  모하메드는 따뜻한 안감이 들어간 트리코 유니폼을 입고 있었는데도 약간 추위를 느꼈다. 지금이야말로 따뜻한 인조 양털 조끼가 더없이 필요할 때였다. 물론 모하메드는 내가 샀던 조끼가 아니라 유명 상표의 조끼를 입을 것이다. 그래도 상관없다. 어차피 내 조끼는 아직 만들어지지도 않았으니 말이다. 그러나 다음날이면 인조 양털 조끼의 생산은 결정적인 단계로 들어서게 될 것이다.

 # '페르시아만의 기적' 두바이

두바이는 페르시아 만의 중심부에 위치한 7개의 토후국 중 하나로, 이 7개 토후국이 연합해 아랍에미리트 연합(약칭은 UAE)을 이루고 있다.

두바이는 '페르시아 만의 기적'으로 여겨진다. 주변에서는 피비린내 나는 전쟁이 끊이지 않는 동안 두바이는 각양각색의 민족과 서로 다른 종교를 가진 사람들이 가장 좁은 공간에서 함께 어우러져 살아가는 평화와 경제 성장의 오아시스를 이루었기 때문이다.

풍부한 석유와 현명한 경제 정책 덕분에 두바이는 세계화의 승자가 되었고, 1인당 국민 소득을 계산할 때 세계에서 가장 부유한 나라들 중 하나로 부상했다. 두바이 사람들은 그 사실을 전 세계에 과시하기 위해 세계 최대의 복합 놀이 공원('두바이 랜드'), 세계 최대의 인공 섬을 짓고 있다.

그러나 아랍에미리트 연합에 사는 사람들 중 4분의 3은 현지인이 아니다. 그들은 임시 노동 허가서를 받아 낮은 임금을 받고 일하는 외국인 노동자들이다.

아랍에미리트 연합은 물이 절대적으로 부족하다. 그럼에도 불구하고 그들은 하루에 1백만 세제곱미터 이상의 물을 사용하고 있다. 국민 한 사람당 소비하는 물의 양이 미국과 캐나다에 이어 세 번째로 많은 나라이다. 물은 염분을 제거하는 담수 시설을 통해서 얻어지는데, 이런 담수 시설들과 발전소는 당연히 석유와 천연가스로 가동된다. 아랍인들은 아직은 풍부한 석유를 보유하고 있다. 그러나 석유의 양은 점점 줄어들고 있고, 언젠가는 더 이상 나오지 않을 것이 분명하다. 적어도 두바이의 상황은 그렇다. 그래서 두바이 정부는 일찍부터 무역과 금융업, 여행 산업에 미래를 걸었고, 공항 건설 외에도 세계적으로 손꼽히는 대규모 컨테이너 항구를 짓고 있다. 또한 최고급 호텔과 대규모 놀이 공원으로 여행객들을 끌어들이고 있고, 인공 섬과 호화 아파트, 요트 항구로 전 세계 부자들을 유혹하고 있다.

세계화의 희생양
— 유조선의 모든 것

2005년 8월 16일 오전. 제벨 알리 항구. 사덱은 자전거를 타고 일터로 가고 모하메드는 학교로 가는 동안 우리의 유조선도 드디어 출항 준비를 마쳤다. 석유를 가득 실은 무거운 선체와 바다의 밑바닥 사이에는 약 1미터 깊이의 물뿐이었다. 그 때문에 두 대의 예인선이 극도로 조심하면서 유조선을 더 깊은 곳으로 끌고 갔다.

이제 내 조끼를 만드는 데 필요한 원료는 방글라데시의 항구 도시 치타공으로 향했다. 유조선은 정확히 15노트로 운항했는데, 이는 1시간에 24킬로미터를 가는 속도였다. 이런 속도는 유조선의 연료비를 지불해야 하는 석유 회사가 결정했다.

그러나 판 데르 발트 선장은 아직 안심할 수가 없었다. 그래서 마드라스 호가 페르시아 만의 가장 어려운 코스인 호르무즈 해협을 통과할 때까지는 10시간이든 12시간이든, 또는 16시간이든 선교를 지키고 있어야 했다. 페르시아 만의 바다는 전체적으로 수심이 얕았기 때문에 항로가 아주 좁았다. 그럼에도 불구하고 수많은 배들, 특히 유조선들의 운항이 빈번했다. 좌현 쪽으로는 엄격한 이슬람 국가인 이란의 해안이 펼쳐져 있고, 이란의 순시선들이 자신들의 영해를 철통 같이 경계하고 있었다.

약 150킬로미터 정도를 지나자 마드라스 호는 호르무즈 해협에 이르렀다. 이곳 항로는 넓이가 겨우 몇 백 미터에 불과해서 그야말로 바늘구멍을 지나는 것과 마찬가지였다. 이번에는 다행히 유조선들이 꼬리를 물고 대기하고 있지는 않았다. 마드라스 호는 출항한지 13시간 만에 인도양으로 들어가는 통로인 오만 만에 이르렀다. 판 데르 발트 선장도 이제야 긴장을 풀고 한숨 붙이러 갈 수 있었다.

이제 우리 유조선의 항로는 간단하다. 인도양을 지나 인도의 최남단까지 가서 거기서부터 벵골 만으로 향하면 된다. 4,500킬로미터에 이르는 이 긴 노선을 항해하는 동안 항해장의 임무는 하나였다. 항로를 유지하는 것이다.

나머지 선원들의 임무는 무엇보다 어마어마한 유조선의 모터가 최고의 성능을 발휘할 수 있도록 유지하고, 유조선과 화물의 감시 시스템에서 잠시도 눈을 돌리지 않는 것이다. 이는 매우 중요한 일이었다. 18만 톤이 넘는 석유를 싣고 있다는 것은 조그만 자극에도 쉽게 깨어날 수 있는 잠자는 용이 옆에 있는 것과 마찬가지였던 것이다. 거친 파도로 인해 배에 실린 석유가 이리저리 출렁이는 것을 막기 위해서 화물칸은 여섯 개의 탱크로 따로 나뉘어져 있다. 각 탱크는 단순하게 속이 빈 형태가 아니라 갈빗대 모양의 강철 기둥 여러 개를 댄 형태로 만들어졌다. 탱크 내부가 단순히 텅 빈 커다란 몸통 하나로만 이루어졌다면, 석유를 싣지 않고 항해할 때는 외부에서 가해지는 작은 압력에도 탱크가 신발 상자처럼 찌그러지기 때문이다.

2005년 8월 20일. 깊은 바다 위. 유조선의 모든 감시 시스템은 중앙 통제실을 통해 이루어진다. 그래서 선원들은 항해하는 동안 거의 배의 뒤편에서 보낸다. 마드라스 호에는 네덜란드 출신 선장 판 데르 발트와 포르투갈 출신의 선박 엔지니어 라울 호르게스, 그리고 21명의 필리핀 선원들이 타고 있었다.

그런데 그중 한 사람만 낮에 배의 갑판 전체를 몇 바퀴씩 뛰어다녔

다. 선박 엔지니어인 라울 호르게스였다. 그는 체력을 유지하기 위해서 전체 길이가 약 200미터에 이르는 유조선의 갑판을 조깅 트랙으로 이용했다. 그래서 쉬는 시간이면 송유관과 두꺼운 닻줄들을 넘고 펌프와 거대와 환풍기들 옆을 지나 갑판을 달렸다.

   라울은 매일 갑판을 30바퀴씩 돌았다. 원래는 하루에 12킬로미터를 달렸다. 그런데 이곳 열대 지방은 오전에도 벌써 기온이 섭씨 30도를 오르내렸다. 그래서 더 뛰어야 했지만 얼마 뛰지 않아도 땀을 비 오듯이 흘렸기 때문에 거리를 절반으로 줄인 것이다. 자신이 좋아하는 인터넷 채팅과 그 이후

에 이어질 긴 작업 시간을 생각해 힘을 비축해 두어야 했기 때문이다.

인터넷은 라울에게는 더없이 위대한 발명품이었다. 인터넷 덕분에 배에서 지내는 동안 시간이 날 때마다 전 세계 사람들과 접속해 서로 다양한 의견을 교환할 수 있었던 것이다. 그는 석유와 기계, 항해에 대한 전문 지식을 토대로 인터넷 토론에 활발하게 참여했다. 라울은 그것을 통해 속상한 일도 털어 버릴 수 있었는데, 그는 사람들이 유조선을 좋아하지 않는다는 사실이 무척 속상했다.

물론 유조선의 거대한 몸체는 특별히 멋지지도 않고, 오히려 추악하기까지 하다는 사실은 인정한다. 그러나 유조선은 전 인류에게 매우 유익하다. 더구나 유조선은 인류가 지금까지 만들어 온 최대의 강철 건축물이다. 길이 300~400미터를 자랑하는 초대형 유조선들은 파리에 있는 약 300미터 높이의 에펠탑보다 훨씬 크다. 게다가 에펠탑이 건축물의 한 부분인 철골 구조물로만 이루어진 탑이라면, 유조선의 거대한 선체는 단단한 강철판을 통째로 용접해서 결합시킨 것이다. 더 나아가서 새로 만들어지는 유조선은 이중 외벽을 설치해야 하는데, 2015년부터는 전 세계 모든 유조선이 이 규정을 따라야 한다.

그럼에도 불구하고 '유조선'이라는 말을 들으면 많은 사람들이 언제나 대형 사고와 환경 재앙, 오염된 해안을 떠올린다. 라울은 그것이 부당하다고 생각했다. 먼저 그런 사고는 그렇게 자주 일어나지 않을 뿐더러 사고가 난다고 해도 유조선이나 선원들의 잘못은 아니다. 그것은 낡은 유조선을 폐기하지 않고 계속 운항하게 하는 해운 회사들의 책임이다. 나아가서는 자신들의 자동차를 위해 가능한 싼 연료를 구입하고 싶어 하면서도 석유가 어떤 경로로 운송되는지에 대해서는 전혀 무관심한 소비자들의 책임이다. 그사이 시베리아와 서유럽을 연결하는 석유 수송 라인이 생긴 것처럼 많은 양의 석유가 보다 안전한 파이프라인을 통해 운송된다. 그러나 대형 유조선들은 여전히 석유 수송의 핵심을 이루고 있다.

라울이 대양을 오가는 유조선의 수가 몇 척이나 되는지 아느냐고 물으면 대부분의 사람들은 짐작조차 하지 못한다. 어떤 사람들은 1000여 척이라고 하고, 어떤 사람들은 2000에서 3000척 정도를 생각한다. 그러나 대양을 오가는 유조선은 대략 7000척인데, 그것도 턱없이 부족한 상태다. 그런데 해운 회사들까지도 유조선을 그다지 좋아하지 않는 것 같다. 좀처럼 새 유조선을 만들려 하지 않으니 말이다. 그래서 악순환은 이어질 수밖에 없다. 유조선이 계속 악평을 얻다 보니 새로 만들어지는 유조선의 수는 점점 줄어든다. 그로 인해 새 유조선이 점점 부족해지면 석유 수송은 몇 년 안에 어려움에 처하게 될 것이다. 결국 석유 수송에 차질이 빚어지면 낡은 유조선들은 더 오랫동안 수송에 투입될 수밖에 없고, 해상에서 발생하는 기름 유출 사고의 위험도 자연히 높아질 것이다. 그러다 보면 유조선은 또다시 악평을 얻게 되고, 계속 똑같은 일이 반복될 수밖에 없다.

그런데 유조선을 좋아하는 사람은 정말 아무도 없을까? 다행히 라울은 인터넷에서 소규모 유조선 애호가들 모임을 발견했다. 유조선 애호가들이 모이는 인터넷 주소는 www.aukevisser.nl/supertankers이다. 실제로 몇몇 광적인 유조선 애호가들은 항구와 해협에서 유조선을 기다리고 있다가 사진을 찍는 것으로 자신들의 여가를 보내기도 한다. 애호가들이 참여하는 광장에서는 현재 대양을 운항하고 있는 거의 모든 유조선들의 사진과 정보를 활발히 교류하고 있다.

라울은 에너지와 환경 문제에 대한 토론에도 활발하게 참여한다. 이 토론방에서는 무엇보다 인류의 급격한 석유 소비 증가에 대한 문제를 놓고 항상 열띤 토론이 벌어진다. 오늘날 우리는 하루에 8500만 배럴의 석유를 소비하고 있다. 1배럴은 대략 159리터이다. 따라서 인류가 하루에 소비하는 석유의 양은 135억 1500만 리터이다. 이것을 1년으로 환산하면 4조 9329억 7500만 리터라는 어마어마한 양이다. 그중 4분 3이 서방 선진국에서 벤진, 디젤, 항공용 벤진 등 연료로 사용된다.

전통적인 선진 공업국들 외에 점점 더 많은 신흥 공업국들이 부상하고 있다. 특히 지난 몇 년 동안 에너지 수요량이 천문학적으로 증가한 중국과 인도를 비롯해서 유럽의 변방에서 서서히 국력이 강화되고 있는 아일랜드, 폴란드, 그리고 라울의 고향인 포르투갈 등을 꼽을 수 있다. 전체적으로 볼 때 앞으로 20년 내로 에너지 소비량은 절반 이상 증가할 것으로 예상된다. 점점 더 많은 물건들이 전 세계로 보내지고 있고, 점점 더 많은 사람들이 먼 나라로 여행을 다니며, 그럴수록 자동차와 배와 비행기에는 점점 더 많은 연료가 필요하기 때문이다.

그러나 라울은 다른 식으로도 살 수 있다는 것을 보여주는 최선의 본보기이다. 그는 자신의 집 지붕에 태양열 집열판을 설치했고, 지금까지 모은 돈의 일부를 포르투갈 최초의 풍력 발전 시설 중 하나에 투자했다. 그래서 북해 연안을 따라 늘어서 있는 거대한 풍력 발전기를 볼 때마다 기분이 좋았다. 그러나 라울 역시 에너지 사용을 하루아침에 재생 가능한 에너지로 바꿀 수 없다는 사실을 잘 알고 있다. 물론 오늘날에는 수력, 풍력, 태양열, 바이오가스 등 다양한 종류의 재생 에너지원이 존재한다. 그러나 설령 그러한 에너지를 최대로 사용한다고 해도 전 세계 에너지 소비량의 4분의 1도 감당하지 못한다.

작업 시간이 끝나고 돌아와 다시 컴퓨터 앞에 앉았을 때 라울은 환경 문제에 관한 토론방에서 터무니없는 주장을 발견했다. 거기에는 '유조선을 이용한 장거리 수송은 석유 가격을 한층 더 비싸게 한다.'

고 적혀 있었다. 그건 전혀 맞지 않는 소리였다. 라울은 토론 참가자들에게 비용을 계산해 보였다. 초대형 유조선을 빌리는 데는 하루에 최대 8만 달러까지 지불해야 한다. 그럼에도 불구하고 운송비는 석유 값에 거의 영향을 미치지 않는다. 초대형 유조선은 대략 1500만에서 2000만 배럴의 석유를 수송한다. 평균 1500만 배럴이라고 한다면 2억 4천만 리터에 해당하는 양이다. 운송 거리를 1만 킬로미터라고 할 때 석유를 채우고 비우는 시간을 포함해 초대형 유조선을 빌리는 기간은 약 20일이다. 라울은 이 모든 것을 머릿속으로 재빨리 계산했다. 하루에 8만 달러씩 20일이면 160만 달러이니까 이것을 2억 4천만 리터로 나누면 운송비는 리터 당 0.66센트였다. 이 가격은 최종 소비자 가격의 절반에도 미치지 않는 것이었다.

그러자 또 다른 참가자가 이 토론방에서 가장 빈번하게 논의되는 질문을 던졌다. 세계화된 현실의 급증하는 에너지 수요를 생각할 때 인류는 과연 언제까지 석유를 사용할 수 있을까? 그러자 아이디가 '경고자'인 사람이 이렇게 주장했다.

'각 나라의 정부는 우리에게 거짓말을 하고 있습니다. 실제로 석유는 곧 바닥날 것이고 그러면 세계 곳곳이 암흑에 빠질 것입니다.'

라울은 그 주장을 그대로 받아들일 수 없었다.

'아직은 충분한 양이 비축되어 있습니다. 유전을 탐사하고 개발하는 기술도 대단한 발전을 이루었고요. 그러한 기술 덕분에 과거에는 미처 보지 못했던 많은 유전들을 찾아낼 수 있습니다. 또한 지금보다 더 깊은 곳에 있는 유전도 개발할 수 있습니다. 현재 약 4만 2천 곳의 유전이 알려져 있는데, 그중 많은 유전이 발굴을 기다리고 있습니다.'

그러자 경고자가 비난했다.

'다 틀렸습니다. 대규모 유전들은 오래전에 모두 개발되었습니다. 4만 2천개 중에서 300개만 경제적으로 실효성이 있는 곳으로 관심을 받고 있을 뿐입니다. 그렇기 때문에 앞으로 10년 내로 극적인 위기 상황이 도래할 것입니다.'

'그렇지 않습니다.'

라울도 지지 않고 대답했다.

'앞으로 10년 내로 예전에는 비용이 너무 많이 들어서 채굴하지 못했던 곳들의 석유도 채굴할 수 있게 될 겁니다. 가령 석유가 순수한 형태가 아니라 모래와 섞여서 나오던 곳 말입니다. 그러나 가장 중요한 문제는 석유 생산이 언제쯤 비경제적인 것으로 변할까 하는 것입니다. 다시 말하면 대다수 운전자들에게 기름 가격이 너무 비싸게 여겨질 때가 언제인가 하는 문제입니다.

우리가 얼마나 오랫동안 지불 가능한 에너지를 보유할 수 있는가 하는 문제는 단순히 석유 매장량에만 달려 있지 않습니다. 그것은 또

다른 중요한 요인에 좌우됩니다. 첫 번째는 다른 에너지원의 개발이고, 두 번째는 우리의 에너지 소비량입니다. 최근의 설문 조사에 따르면 유럽에 거주하는 자동차 운전자의 80퍼센트가 앞으로는 자동차 사용을 제한하겠다고 대답했습니다.'

　라울은 컴퓨터를 껐다. 밖으로 나가 선교로 향하는 계단을 오르면서도 라울의 머릿속에서는 방금 전의 논쟁이 떠나지 않았다. 이상하게도 현실에서 벌어지고 있는 공론의 상황도 인터넷 공간에서와 마찬가지였다. 우리는 GPS 덕분에 우리 유조선의 위치를 미터 단위까지 정확히 알 수 있다. 또한 고도로 발달한 여러 기기들은 유조선에 실은 원유의 양과 온도를 정확하게 나타낸다. 그런데 가장 결정적인 문제인 전 세계적인 에너지 매장량에 대해서만큼은 여전히 불확실함 속에서 살고 있다.

2005년 8월 22일. 마드라스 호가 벵골 만에 도착할 때까지 별다른 사건은 일어나지 않았다. 이곳에도 거대한 석유 플랫폼 몇 개가 물 위로 높이 솟아 있다. 방글라데시는 자체적으로 석유를 채굴하는 나라이다. 이곳에서 채굴되는 석유는 파이프라인을 통해 치타공 석유 항구로 운송된다. 그럼에도 불구하고 방글라데시는 석유를 수입해야 한다. 첫 번째는 자국에서 필요한 양을 충족시킬 수 없기 때문이고, 두 번째는 석유를 혼합해야 하기 때문이다. 석유라고 다 똑같은 석유는 아니다. 어떤 것은 황을 너무 많이 함유하고 있고, 어떤 것은 너무 걸쭉하기 때문이다. 그것을 적당한 비율로 섞어야 비로소 제대로 된 석유를 얻을 수 있는 것이다.

이곳 벵골 만의 물은 서서히 황갈색으로 변한다. 그것은 석유 때문이 아니라 인도의 거대한 강들의 흙탕물이 멀리 벵골 만까지 밀려들어오기 때문이다. 방글라데시는 3개의 거대한 강인 갠지스 강과 브라마푸트라 강, 그리고 메그나 강이 합류하는 삼각주 지역에 놓여 있다. 수천 년이 흐르는 동안 이 세 강이 만나는 삼각주에 진흙이 쌓이면서 육지

는 바다 쪽으로 계속 확장되었다. 그래서 이 지역의 토지는 매우 비옥하지만 끊임없이 홍수와 범람, 회오리바람의 위협을 받고 있다. 치타공은 방글라데시의 제1 항구 도시이며, 곳곳에 모래톱이 형성된 삼각주의 동쪽에 위치한다.

마드라스 호는 항구에 도착하기 오래전부터 바다 곳곳에 널려 있는 낡고 황폐해진 배들 옆을 지났다. 폐기된 유조선과 화물선, 나룻배들이 방치된 상태로 인양될 날만 기다리고 있는 것이다. 해안가의 해체 구역에서 이루어지는 선박 해체 작업은 대부분 수작업으로 진행된다. 판 데르 발트 선장은 작년에 그 광경을 바로 근처에서 구경한 적이 있었다. 당시 그는 택시를 타고 치타공 해안가를 둘러보았다. 택시 운전사 말로는 예전에는 그곳에서 수영을 했다고 한다. 그러나 지금은 해안가 전체가 검고 끈적끈적한 기름 층으로 뒤덮여 있다.

해안가에는 반은 물속에 잠긴 채 반은 육지에 올라와 있는 커다란 배들이 해변으로 떠밀려 온 고래들처럼 자신들의 마지막을 기다리고 있다. 한 화물선에서 막 이물(배의 앞부분)을 뜯어내고 있었고, 그 옆으로 조금 멀리 떨어진 곳에는 선루(고물의 상갑판에 만든 선원실이나 여객실)와 선교가 그대로 붙어 있는 유조선의 고물(배의 뒷부분)이 물속에 놓여 있었다. 이곳에는 선체를 물 밖으로 끌어내 건조하거나 수리하는 독 시설이 없었다. 무거운 철판을 운반하는 커다란 크레인 한 대가 이따금 다가올 뿐이었다. 그밖에 모든 일은 일꾼들이 용접기나 드라이버, 끌 등 가장 단순한 도구를 이용해 처리했다. 강철로 만든 거대한 선박들 옆에 있는 일꾼들은 아주 작고 연약해 보였다.

"여기서는 사고가 많이 일어납니다. 하지만 일을 맡긴 사람은 그런 것에는 전혀 신경 쓰지 않습니다."

작업반장이라는 사람이 판 데르 발트 선장에게 한 말이었다. 각종 기계와 탱크에 남아 있는 기름 찌꺼기는 펌프를 이용해 별도의 용기에 받아 내지 않고 그대로 해변에 방출되었다.

치타공은 바다에 바로 면해 있는 것이 아니라 내륙으로 조금 더 들어가 거대한 카르나풀리 강 연안에 자리 잡고 있다. 그러나 썰물 때면 카르나풀리 강은 배의 바닥이 잠길 수 있는 수심이 6미터밖에 되지 않았다. 그래서 치타공의 석유 항구는 강어귀에, 멀리 바다로 뻗어 있는 긴 다리의 끝에 위치한다.

마드라스 호가 항구에 정박하자마자 원유를 다시 퍼내는 작업이 시작되었다. 유조선에 실린 원유는 송유관을 통해 거대한 탱크로 옮겨진다. 탱크는 방글라데시 해안에서 채굴한 원유로 이미 절반이 채워진 상태였다. 두 종류의 원유를 섞어야 다음 처리 과정으로 넘어갈 수 있는 좋은 상태의 혼합물을 이루기 때문이다.

유조선에 실린 원유를 모두 빼내고 나면 먼저 기름 탱크를 물로 씻어 낸다. 그런 다음엔 배를 옆으로 기울인다. 그러면 한 무리의 전문가들이 갑판으로 올라와 떼 지어 몰려다니면서 송유관과 모터, 기계 장비 전체를 검사한 뒤 기름 탱크 안으로 들어갔다. 탱크의 벽은 원유와 소금물, 산소 혼합물로 인해 심하게 훼손되어 있었다. 벽을 보호하기 위해 매번 칠을 하지만 석유 혼합물이 그 보호 층으로 스며들어가 금속을 부식시켰고, 그 결과 벽이 녹슬기 시작한 것이다. 전문가들이 검사 목록을 모두 점검한 뒤에야 배는 다시 출항할 수 있었다. 물론 언제나 시간이 촉박했다. 시간이 지연될수록 유조선 임대료도 매일 4만 달러씩 증가하기 때문이다.

 초대형 유조선

선체 길이가 194미터인 마드라스 호는 중간 정도의 구간과 수심이 깊지 않은 항구를 위해 건조된 중간 규모의 유조선에 속한다. 마드라스 호는 대략 12만 5천 톤의 원유나 액체를 실을 수 있다. 다시 말하면 125000dwt이다(deadweight tons의 줄임말로 배의 화물 적재 능력을 톤 단위로 나타낸다).

 독일에서는 20만 톤 급 이상의 유조선을 초대형 유조선이라고 부르지만 영어권에서는 좀 더 세분화시켜서 20만 톤 급 이상의 VLCC(Very Large Crude Carrier)와 30만 톤 급 이상의 ULCC(Ultra Large Crude Carrier)를 구별한다. 오늘날 대부분의 초대형 유조선은 길이가 310~350미터이고, 화물 적재 능력은 35만 톤 급에 이르며, 승무원은 30~40명으로 구성되어 있다. 그런데 35만 톤 급이란 무슨 뜻일까? 이런 초대형 유조선은 2백만 배럴의 원유, 다시 말하면 약 3억 1800만 리터를 실을 수 있다. 이 정도면 대형 유조차 1만 7천 대를 가득 실을 수 있는 분량이다. 길이가 400미터가 넘는 초대형 유조선들도 계속 만들어졌다. 그러나 이런 유조선들은 고장이 쉽고, 엄청난 크기와 물에 잠기는 부분이 너무 깊기 때문에 극히 제한된 항로에만 투입될 수 있다. 길이가 300~350미터인 유조선만 해도 물에 잠기는 부분의 깊이가 20~22미터나 되기 때문에 운항할 수 있는 항구는 소수에 불과하다.

바다를 항해하고 있는 유조선. 2010년 현재 세계에서 가장 큰 유조선은 '야레 바이킹'으로 길이가 458.45미터나 된다. 1979년 일본의 스미토모 중공업이 만들었다.

치타공에서 일어난 총파업

— 방글라데시의 암담한 현실

2005년 8월 23/24일 밤. 치타공의 한 빈민가. 모민과 이웃 청년 콜릴은 동지들과 함께 어둠 속에서 마지막 세부 사항들을 논의했다. 전기가 또다시 끊어졌기 때문에 희미한 석유램프에 의지해 현수막을 준비하는 중이었다. 현수막에 사용할 침대보와 빗자루 두 개는 동료인 압둘이 노동조합 사무실에서 가져왔다. 그런데 현수막에 무슨 내용을 써야 할까? 그들이 원하는 건 임금 인상이었다. 그것만큼은 분명했다. 모민은 폴리에스테르 공장의 작업반장이었고, 콜릴은 플라스틱 폐기물을 처리하는 재활용 공장에서 일했다. 그러나 두 사람은 이제 지긋지긋했다. 하루 종일 지쳐서 쓰러질 정도로 일을 했지만 그들의 가족은 빈민가를 벗어나지 못했고, 그나마 먹고살려면 계속 빚을 내야 하는 상황이었다.

일터에서의 안전 문제도 중요했다. 모민은 그것이 무슨 뜻인지 잘 알고 있었다. 예전에 그는 항구에 있는 한 정유 공장에서 일을 했다. 원유를 정제해 벤진과 연료용 기름뿐 아니라 화학 물질들과 아스팔트를 얻어 내는 시설이었는데, 유럽에서 일하는 화학 공장 노동자들에게는 정유 공장 박물관쯤으로 여겨질 것이다. 실제로 공장의 모든 시설은 예전에 유럽에서 사용했던 낡은 산업 설비들이었다. 40~50년 전에는 영국 노동자들도 이 시설에서 일을 했다. 그러다가 영국에 있던 시설이 이곳 공장으로 넘겨진 것인데, 설비가 너무 낡고 비효율적인데다 영국 노동자들에게는 너무 위험했기 때문이다. 그러나 방글라데시 노동자들에게는 그렇게 위험하지 않다고 생각했던 것 같다. 방글라데시 노동자들은 겨우 앞치마 하나만 두른 채 송유관과 크고 작은 탱크들로 이루어진 거대한 미로를 오가면서 밤낮으로 일을 했다. 공장 안은 뜨거운 열기와 시끄러운 소리, 고약한 냄새가 뒤섞여 말로 표현할 수 없을 정도로 공기가 탁했다. 안전에 대한 규정이나 안전복도 거의 없었다. 그러니 모민이 어느 날 유독성 증기를 들이마시고 쓰러져 병원으로 실려 간 것이 그렇게 유별난 일은 아니었다. 모민이 건강을 회복했을 때 그의 자리는 이미 다른 사람으로 채워진 뒤였다. 공장주들은 손해 배상금을 지불할 필요가 없었고, 사고를 당한 사람도 해고를 시키면 그만이었다. 밖에는 그들의 자리를 즉시 대신할 수 있는 수백 명이 줄지어 기다리고 있었기 때문이다.

　모민과 그의 동지들은 거기에 대항해서도 시위를 벌이고 싶었다. 그러나 '위험한 일자리에 더 많은 안전 조치를!'이라고 쓰려니 너무 길고 순진해 보인다는 생각이 들었다. 그래서 그들 중 유일하게 글을 쓸 줄 아는 콜릴이 '30퍼센트 인상 - 지금 당장!'이라고 썼다.

　아침 무렵 모민과 콜릴은 항구 근처에 있는 일터로 가지 않고 시내 기차역 앞에 있는 중앙 시장 쪽으로 향했다.

　점점 더 많은 노동자들이 그곳으로 모여들었다. 어떤 사람들은 헬멧을 쓰고 굵직한 몽둥이로 무장을 하고 있었다. 수많은 노동자들의 머리 위로 보이는 현수막에는 임금 인상과 노동자의 안전에 대한 요구뿐만 아니라 '기업 타도!', '정부 타도!', '총파업 궐기!' 등의 구호가 벵골 어와 영어로 적혀 있었다. 영어로 쓴 이유는 외국 기자들이 그 뜻을 이해하고 보도할 수 있게 하려는 것이었다.

이들의 시위는 총파업을 불러일으켰다. 총파업이란 모든 노동자들과 사무직 직원들까지 파업에 동참해 도시 전체의 기능을 마비시키려는 것이다. 따라서 버스와 화물선, 화물차들은 운항을 중지하고, 공장들은 가동을 멈추며, 상점들은 문을 닫는다. 올해 치타공에서는 벌써 세 번의 총파업이 발생했다. 치타공에서 총파업이 일어나면 방글라데시 전체가 그 영향을 받았다. 방글라데시가 수출하거나 수입하는 거의 모든 물건들이 치타공 항구를 거쳐 실려 나가거나 들어오기 때문이다. 항구와 정유 공장이 가동을 멈추면 방글라데시의 전체 섬유 생산도 중단되었다.

그 때문에 방글라데시 정부도 이번에는 단호한 조치를 취하기로 결정했다. 경찰과 군대가 출동해 항구와 정유 공장의 출입구들과 시내 곳곳의 넓은 교차로마다 배치된 것이다.

그러나 노동자들과 그들의 노동조합 지도자들은 조금도 위축되지 않았다. 그들은 모두 함께 모여 기차역 앞 대로를 행진했고, 항구로

이어지는 다카 간선 도로로 향하려 했다. 콜릴과 모민은 '30퍼센트 인상 - 지금 당장!'이라고 쓴 현수막을 높이 들고 그들의 동료들을 이끌었다. 그러나 그들은 교차로 두 곳을 겨우 지났을 뿐 그 이상은 행진할 수 없었다. 경찰들이 경찰차와 살수차로 도로를 가로막고 있었던 것이다. 그 앞에는 무거운 헬멧을 쓰고 커다란 방패와 굵은 곤봉으로 무장한 경찰들이 2열로 늘어서 있었다. 맨 앞에서 최초의 충돌이 벌어지더니 곧이어 펑! 펑! 하는 소리가 여러 번 들렸다. 경찰들이 총을 쏜 걸까? 그러나 노동조합 지도자들이 군중들을 안심시켰다.

"여러분, 당황하지 마십시오! 저건 최루탄 소리입니다! 수건으로 얼굴을 가리세요! 눈은 절대 비비지 마십시오!"

곧이어 경찰들이 돌진했다. 그들은 마주치는 사람은 누구나 방패로 밀어젖혔고, 기다란 곤봉을 잔인하게 휘둘렀다. 콜릴은 지금까지 살아오면서 이토록 심한 두려움에 떨었던 적은 없었다. 그는 현수막을 떨어뜨리고는 재빨리 옆 골목으로 도망쳐 그 자리를 빠져나왔다.

반면에 모민은 현수막을 손에서 놓지 않았다. 그는 경찰들에게 둘러싸였고, 경찰들은 그의 손에서 현수막을 빼앗으려고 했다. 그러나 모민은 끝까지 현수막을 놓지 않았다. 그러자 경찰이 그의 머리를 곤봉으로 내려쳤다. 경찰관 두 명이 그를 붙잡아 경찰차로 질질 끌고 갔다.

밖에서 경찰 사이렌이 울려 퍼지고 있는 동안 항구의 정유 공장에서는 경찰들의 감독 아래 계속 작업이 이루어졌다.

우리의 유조선이 싣고 온 원유 혼합물은 근처에 있던 커다란 탱크에 며칠 보관되어 있다가 여러 개의 긴 송유관을 통해 정유 공장으로 보내졌다. 송유관과 거대한 저장 탱크들, 그밖에 수많은 다른 장비들이 미로처럼 얽혀 있는 공장에서는 증기가 피어올랐고, 쉬쉬하면서 끓는 소리와 온갖 소음이 끊이지 않았다. 이곳으로 보내진 원유는 원칙적으로 두 가지 과정을 거치게 된다. 먼저 소위 증류탑이라고 하는 50미터 높이의 거대한 통으로 옮겨져 섭씨 400도의 고온으로 가열된다. 이 과정에서 서로 다른 탄화수소 화합물들이 분리된다. 가스와 가벼운 벤진은 증발해서 위로 올라가고, 타르와 윤활유들은 바닥에 가라앉는다. 그 사이에는 중간층을 이루는 탄화수소들이 자리를 잡는데, 그중 가장 대표적인 것이 다양한 플라스틱 종류의 구성 성분인 에틸렌이다. 에틸렌은 다른 구성 성분들로부터 분리되어 송유관을 통해 두 번째 작업 과정으로 보내진다.

이제 두 번째 과정인 고압 탱크에 도달한 에틸렌에 촉매로 사용되는 중금속 안티몬을 넣은 뒤 이 혼합물을 높은 압력 속에서 섭씨 240도로 가열한다. 그러면 각각 분리되어 있는 에틸렌 분자들이 강하고 질긴 덩어리로 결합되는 놀라운 일이 일어난다. 이렇게 해서 에틸렌은 수많은 분자들이 수 킬로미터 길이의 고리처럼 하나로 연결된 폴리에틸렌이라는 물질이 된다. 화학 물질들 중에서 폴리에틸렌처럼 견고하면서 동시에 가공성이 뛰어난 물질은 다시없다. 고압 탱크의 바닥에는 여섯 개의 분출 장치가 달려 있는데, 이 장치를 통해서 튜브에서 치약이 나오듯이 연필 두께의 회백색 분출물인 폴리에틸렌이 밖으로 나온다.

길쭉한 폴리에틸렌 분출물은 짧은 조각으로 잘려서 냉각된다. 이때 도토리 크기만 한 조각들을 '그라눌라트'라고 부르는데, 바로 이것이 수많은 물건을 만드는 재료로 사용된다. 폴리에틸렌은 진짜 마술사처럼 놀라운 물질이다. 섭씨 120도 이상의 고온으로 가열하면 액체로 변하는데, 액체 상태가 되면 임의의 형태로 압축하거나 얇은 비닐로 늘일 수가 있다. 이로써 폴리에틸렌과 다른 합성수지들은 세계화된 소비 사회의 가장 중요한 구성 성분을 이루게 된다. 비닐 쇼핑백, 각종 식료품과 과자를 포장하는 비닐 봉투를 비롯해 휴대폰과 워크맨, 노트북 등에 쓰이는 투명한 포장 재질 등이 폴리에틸렌으로 만들어지기 때문이다. 물감과 심지어 의약품까지도 원유에서 얻어지는 여러 성분들 중 일부를 포함하고 있다. 그러나 대부분의 폴리에틸렌은 포장 재료를 생산하는 데 사용된다. 모든 상품을 아주 먼 곳까지 보내야 하는 경우 무엇보다 포장이 중요하기 때문이다. 심지어는 포장을 위한 포장까지 존재하며, 분리수거용 비닐 포대들처럼 한 번 사용한 포장 재료들을 모으기 위한 포장 재료도 있다.

세계 곳곳에는 아직도 플라스틱 포장을 풀어서 어디든 상관없이 아무렇게나 버리는 사람들이 상당히 많다. 그래서 아시아와 남아메리카, 아프리카의 많은 지역은 플라스틱 폐기물로 넘치고 있다. 방글라데시와 인도에서는 소들이 길거리에서 플라스틱 봉투에 든 쓰레기를 봉투째 먹고 죽는 일이 허다하다. 소의 위에 들어 있는 강한 소화액도 폴리에틸렌은 소화시킬 수 없기 때문이다. 이런 나라들에서는 쓰레기 더미가 하늘 높은 줄 모르고 쌓여만 가는 반면에 상황이 완전히 다른 나라도 있다. 바로 독일이다. 독일은 재활용의 세계 챔피언이다. 독일에서는 재활용을 할 수 없는 것들은 모두 일반 쓰레기 수거함으로 들어간다. 그밖에 모든 쓰레기는 철저하게 분리해서 수거된다. 참으로 대단한 분리 작업으로, 음식물 쓰레기는 파란색 통이나 초록색 통에, 종이류는 폐휴지 수거함에, 유리와 병들은 유리 수거함에 따로 모은다.

그중에서도 초록색 재활용 마크가 찍혀 있는 쓰레기들과 플라스틱으로 만들어진 폐기물을 분리하는 데 가장 많은 시간과 노력이 들어간다. 모든 요구르트 병은 안에 남아 있는 찌꺼기를 비우고 깨끗이 씻어서 노란색 자루나 노란색 수거함에 버려야 한다. 물론 그럼에도 불구하고 그중 일부는 쓰레기 소각장으로 보내지는 경우가 있다. 그러나 대부분은 재활용 센터로 보내져 그곳에서 분리 작업이 이루어진다. 재활용 센터에서는 수많은 플라스틱 폐기물들을 한 곳에 모아 여러 개의 덩어리로 압축시키는데, 바로 그 순간에 놀라운 변화가 일어난다. 이제 이 덩어리들은 더 이상 플라스틱 폐기물이 아니라 1톤에 300~400유로를 받을 수 있는 귀중한 원료로 변모하는 것이다.

플라스틱 폐기물, 더 정확하게는 PET의 원료가 되는 이 폐기물들은 컨테이너에 실려 특히 아시아로 보내진다. 치타공에 있는 화학 공장의 마당에도 독일에서 보낸 플라스틱 폐기물이 담긴 컨테이너가 놓여 있다.

같은 날 오후, 지하실에 있는 치타공 경찰서의 유치장이다. 안이 어둡고 축축하다. 모민은 20명의 다른 동지들과 함께 좁은 공간에 갇혀 있다. 이들에게 무슨 일이 일어날지는 아무도 모른다. 모두들 두려움에 떨고 있다. 1초가 몇 분처럼 느껴졌고, 몇 분이 몇 시간처럼 흘러갔다. 그러다가 한 사람씩 차례로 유치장에서 불려 나가더니 다시 돌아오지 않았다. 그것은 좋은 징조일까, 불길한 징조일까? 남자들은 스스로에게 물었다. 이윽고 모민 차례가 되었고, 그는 심문을 받으러 어두운 방으로 끌려갔다. 방 안에는 달랑 책상 하나와 의자 두 개가 놓여 있었다. 모민은 자신의 이름을 말한 뒤 사는 곳과 일하는 곳을 진술해야 했다.

"너희 우두머리가 누구야?"

"주모자가 누구냐고?"

계속해서 같은 질문이 반복되었다. 경찰들이 찾는 사람은 주모자였고, 비밀 정보기관과 정부도 주모자를 찾으려고 혈안이 돼 있었다. 그들에게는 이런 시위와 파업이 대다수 국민들이 처해 있는 열악한 상황 탓이 아니라 가난한 사람들에게 정부에 대항해 싸우라고 부추기는 몇몇 사악한 선동자들 탓으로 보였기 때문이다.

짝! 심문을 하던 형사가 모민의 뺨을 호되게 후려쳤다. 얼마나 세게 맞았던지 모민은 머릿속이 계속 윙윙거렸다. 대체 뭐라고 대답해야 한단 말인가? 모민은 누가 주모자인

지 모른다. 동료 압둘이 파업이 계획되고 있다는 말을 전해주긴 했지만 그렇다고 그가 주모자는 아니지 않은가? 짝! 형사의 손이 또다시 모민의 뺨으로 날아왔다.

모민이 어두운 지하 심문실에서 조사를 받는 동안 콜릴은 아무도 모르게 자신의 일터로 돌아가는 데 성공할 수 있었다. 재활용 공장의 마당에는 컨테이너 몇 대가 놓여 있었다. 컨테이너는 부피를 압축시킨 플라스틱 폐기물 덩어리로 가득 차 있었다. 노동자들은 폐기물 덩어리를 압쇄기로 가져가 그것을 절단했다. 압쇄기는 무엇보다 포장 용기들과 페트병들을 작은 조각으로 잘랐다. 그러면 이 조각들은 깨끗하게 세척되어 컨베이어 벨트로 옮겨졌다.

콜릴과 젊은 동료 일꾼들은 이 컨베이어 벨트 옆에 서서 민첩한 손놀림으로 작은 조각들을 색깔별로 골라냈다. 착, 착, 착. 알록달록한 조각들을 분류해 왼쪽으로 보냈다. 이들은 나중에 포장용 랩과 비닐 봉투로 만들어질 것이다. 하얀색은 오른쪽으로 분류했다. 처음에는 색깔이 없는 직물용 실로 만들었다가 나중에 염색을 하게 될 것이다. 콜릴은 오늘만큼은 다른 사람들보다 더 빨리 일하려고 노력했다. 자신이 얼마나 쓸모 있는 일꾼인지 보여 주고 싶었던 것이다. 다시는 시위에 참가하지 않을 것이다. 착, 착, 착. 그런데 모민은 어떻게 되었을까?

2005년 8월 24일. 모민은 전날 긴 심문 끝에 경찰서에서 풀려났다. 그래서 오전 근무 조에 맞춰 정확하게 공장 문 앞에 도착할 수 있었다. 뺨은 퉁퉁 부어 있었고, 눈가에도 시퍼런 멍이 들어 있었으며, 어딘지 잔뜩 주눅이 든 모습이었다. 문이 열렸고, 공장 경비원들 옆에 사장이 서 있었다. 사장이 모민을 불러 세웠다.

"자네 이름이 뭔가?"

"모민입니다."

"어젠 공장에도 나오지 않고 시위에 참가했다지?"

모민은 아무 말도 못한 채 눈을 내리깔았다.

"원래는 자네를 해고할 생각이었어. 그런데 분출관 옆에서 자네 대신 일할 사람을 구하기가 힘들어서 생각을 바꿨지. 게다가 지금은 야근까지 해야 할 상황이거든. 모든 방직 공장이 인조 양털 원단을 만드는 작업을 시작한 뒤로 갑자기 우리 공장의 폴리에스테르 실을 달라고 아우성일세. 그러니 서두르게!"

모민은 걸음을 재촉하면서 짧게 감사의 기도를 올렸다.

"알라와 무함마드와 그 분의 선지자를 찬양하나이다!"

그때 그의 뒤에서 사장의 목소리가 들렸다.

"앞으로 자네를 계속 주시하고 있겠네!"

모민은 커다란 용광로 주위를 돌아갔다. 그곳에서는 방금 원유에서 나온 페트 조각들 일부와 독일에서 보낸 재활용된 페트 원료의 일부가 한데 뒤섞여 가열되고 있었다.

모민의 일터는 분출관 옆이었다. 용광로 속의 덩어리는 적절한 온도로 가열된 상태였다. 모민이 특수한 분출관을 열자 거기서 아주 가느다란 폴리에스테르 실이 흘러나왔다. 모민은 이 실들이 통풍 장치를 통과하도록 유도했다. 그래야 실이 단단해지면서 동시에 신축성을 가질 수 있었다. 폴리에스테르 실은 몇 군데를 더 거쳐 마지막에 커다란 실 꾸러미에 둘둘 감겼다. 나중에 인조 양털의 원단이 될 이 실들은 또 한 번의 특수 과정을 거치게 된다. 천이 촘촘하면서도 부드러운 상태를 유지할 수 있도록 보풀이 일게 해 주는 것이다.

이런 합성 섬유는 방글라데시에는 특히 더 중요했다. 방글라데시의 전체 수출 품목 중에 75퍼센트가 섬유 제품이기 때문이다. 그런데 방글라데시에서는 목화를 재배하지 않는다. 목화를 재배하면 수익이 줄어들기 때문이다. 다행히 방글라데시 섬유 산업은 지난 수십여 년 사이에 합성 섬유라는 새로운 제품을 생산하게 되었다. 그중에서도 폴리에스테르가 대표적이다. 전 세계적으로 모든 섬유 제품의 40퍼센트가 합성 섬유로 만들어지고 있다. 방글라데시는 자체적으로 석유를 생산하는 나라이며, 그로써 인조 양털 조끼를 만들 수 있는 합성 섬유까지 생산할 수 있다.

 비상사태 속에서 살아가는 방글라데시

방글라데시는 세계에서 인구 밀도가 가장 높은 나라 중 하나로 1제곱킬로미터당 인구가 1000명에 달한다. 한국의 경우는 490명 정도이다. 그럼에도 불구하고 방글라데시 국민의 70퍼센트 이상이 농업으로 살아가고 있다. 그 때문에 좁은 땅에서 많은 수확을 얻을 수 있는 농작물만 집중적으로 경작한다. 따라서 목화 같은 작물은 재배하지 못하며, 무엇보다 쌀농사가 중심을 차지한다.

열대 기후 덕분에 일 년에 많은 작물을 수확할 수 있을 것 같지만 방글라데시는 일 년 중 절반이 비상사태에 놓이게 된다. 3, 4월과 10월은 열대성 회오리바람이 불어오는 시기이고, 6월에서 9월까지는 몬순(계절풍)의 계절이다. 이 시기에는 바람이 무거운 구름층을 몰고 와 많은 장맛비를 뿌린다.

방글라데시 국토의 대부분은 세 개의 거대한 강에 의해 형성된 삼각주에 놓여 있다. 비 때문에 이 세 개의 강을 흐르는 물이 엄청나게 많아지는데, 이는 유럽에 있는 모든 강을 흐르는 것보다 더 많은 양이다. 여기에다 바다까지 폭풍 해일로 인해 엄청난 양의 물을 삼각주로 밀어 보내면 상상을 초월하는 범람이 발생한다. 지금까지 방글라데시는 숱한 범람에도 불구하고 어느 정도 적응하면서 살아왔다. 어쨌든 풍부한 물 덕분에 경작지도 비옥한 토양이 되었던 것이다. 그런데 범람의 규모가 서서히, 그러나 뚜렷하게 점점 더 커지는 추세를 보이고 있다. 기후 변화로 인해 해수면이 장기적으로 상승하고 있기 때문이다. 가령 2004년에는 방글라데시 국민 3400만 명의 집이 물에 잠겼다. 이는 전체 인구의 4분의 1에 해당하는 수치이다.

잘사는 나라들은 제방을 더 높이 쌓아 범람을 막을 수 있을 것이다. 하지만 방글라데시에서는 그것이 불가능하다. 제방을 쌓기 위한 돈이 준비되었다고 해도 뇌물과 부정부패 때문에 그 돈이 잘못된 곳으로 흘러들어 가게 된다. 그래서 2050년이면 전 국토의 6분의 1이 물에 잠길 것으로 추정된다. 그러면 2억에 가까운 사람들이 삶의 토대와 땅을 잃게 될 것이다.

빨간색 인조 양털 조끼의 우연한 탄생
— 방글라데시 섬유 공장의 일상

2005년 9월 1일. 방글라데시의 수도인 다카의 중심지에 위치한 인터컨티넨탈 호텔 앞이다. 유럽인 상사 대표 세 명은 호텔 문을 나서자마자 사람들에 둘러싸였다. 호텔 앞에서 대기하고 있던 30여 명의 3륜택시 운전사들이 서로 먼저 외국인을 태우려고 일제히 달려든 탓이다. 그러나 상사 대표들은 유일하게 자신의 툭툭이에 앉아 조용히 기다리고 있던 하산의 택시에 올라탔다.

모터가 달린 수천 대의 3륜택시들은 아시아의 여러 도시를 누비고 다니는데, 곳곳에서 툭툭이라는 이름으로 불리고 있다. 그 이유는 툭툭이 출발할 때 바로 알 수 있다. 모터는 서서히 툭툭툭 소리를 내기 시작하다가 그 소리가 점점 빨라지고 커지면서 출발도 하기 전에 운전사와 승객, 짐들을 한바탕 격렬하게 흔들어 댄다.

어느 틈엔가 차가 정말로 출발하고 나면 그 뒤부터는 거의 멈추는 일이 없다. 툭툭이는 거리 곳곳을 요리조리 빠져나가고, 자동차가 다니지 못하는 좁은 골목길도 마음껏 누비고 다닌다. 홍수 철에 진흙 웅덩이에 빠진 것을 끌어낼 때도 남자 두세 명만 매달리면 충분하다.

툭툭이는 운전석 뒤쪽에 승차 칸이 달려 있는데, 두세 명에서 때로는 대여섯 명까지 승객을 실을 수 있다. 필요한 경우에는 쌀이나 가구 같은 커다란 짐을 실어 나르기도 한다. 그러나 이따금 외국인을 태우는 행운을 만났을 때 돈을 가장 많이 받을 수 있다. 외국인들에게는 현지인들보다 훨씬 많은 돈을 요구할 수 있기 때문이다.

그러나 요금을 많이 받든 적게 받든 하산은 하루 종일 번 돈의 대부분을 저녁이면 다시 내놓아야 한다. 대부분의 운전사들처럼 하산도 남에게 빌린 돈으로 툭툭이를 샀기 때문이다. 사채업자는 돈을 빌려주는 대가로 한 달에 10퍼센트의 이자를 요구했고, 하산은 이자를 갚기 위해 무슨 주문이든 가리지 않고 받아들여야 한다.

이번에는 변두리에 있는 한 방직 공장으로 가는 손님들이었다. 외국인들 중 한 사람이 "곧장, 아주 빨리!"라며 그를 재촉했다. 그러나 그런 재촉은 전혀 불필요했다. 하산은 다카에서 가장 빠른 툭툭이를 운전한다는 것에 자신의 명예를 걸고 있었기 때문이다.

툭툭이는 바퀴가 세 개뿐이지만 대신에 유난히 크고, 소리도 큰 경적이 달려 있다. 방글라데시에서는 경적이 모터만큼이나 중요했다. 하산은 경적으로 권위를 세울 수 있었다. "빠~앙! 빠~앙! 비켜요, 어서 비켜요!"

기분 좋은 산들바람이 불어와 한낮의 뜨거운 열기를 몰아냈고 드문드문 보이는 야자나무 잎을 흔들어 주었다. 야자나무는 하얀색 페인트로 칠해진 집들의 자그마한 정원 안에 서 있었다. 우리가 아직도 방글라데시에 있는 걸까? 물론이다. 하산의 툭툭이는 다카에서도 부자들이 사는 구역 중 한 곳인 다르몬디를 지나는 중이었고, 곧 내셔널 스퀘어를 지났다.

다카는 변두리 지역까지 포함해 인구가 1400만이나 되는 곳이다. 이들 중에서 적어도 절반 이상은 빈민가에 살고 있다. 텔레비전 방송이나 신문에서 방글라데시는 언제나 홍수와 기아에 시달리는 일면적인 모습으로만 비춰진다. 그러나 이곳에도 해변과 공원이 있고, 심지어는 아직도 벵골 호랑이가 살고 있는 산과 숲이 있다.

그러나 얼마 지나지 않아 장면은 순식간에 달라진다. 빈민가가 보이고 그 뒤로 커다란 마분지 상자처럼 보이는 긴 공장 건물들이 눈에 띈다. 대부분은 급하게 만들어진 방직 공장들이다. 다카 주변의 모든 지역이 섬유 산업에 집중하고 있기 때문이다.

하산은 외국인 승객들을 태우고 그 공장들 중 한 곳으로 가는 중이다. 정확히 말하면 우리의 폴리에스테르 실을 가공하는 공장으로 가고 있다. 치타공에서 화물차로 보낸 짐들이 공장 마당에 가득 쌓여 있었고, 이 짐들은 앞으로 4일 동안 인조 양털 원단으로 만들어질 것이다.

아직 낮이고 공장도 굉장히 넓었지만 안은 어두컴컴하고 독한 냄새가 났다. 게다가 아주 시끄러웠다. 천여 곳이 넘는 자리에서 줄기차게 따다다, 탁탁탁 하는 소리가 났기 때문이다. 직공들 몇 명이 직조기 사이를 이리저리 돌아다녔다. 직조기는 예전에 손으로 짜던 베틀과 원칙적으로는 똑같은 원리로 작동된다. 날실이 일정한 간격을 두고 평형으로 펼쳐진 채 규칙적으로 상하 운동을 반복하면, 북이 날실 틈으로 왔다 갔다 하면서 씨실을 밀어 넣는 것이다. 다만 산업화된 방직 공장에서는 베틀이 훨씬 더 크고, 북도 손이 아닌 기압이나 수압을 이용해 날실 틈으로 씨실을 풀어낸다. 그런 다음 빗처럼 생긴 도구인 바디로 전체를 꽉 조여 주는데, 이때 날실들 사이에 작은 고리를 남겨 둔다. 이 고리들은 다음 작업 과정에서 윗부분이 잘리게 되는데, 그러면 양탄자에서 볼 수 있는 것처럼 위로 솟은 수많은 잔털들이 생긴다. 이 털들을 갈퀴 비슷한 도구로 빗어 주면 인조 양털은 진짜 양털처럼 보들보들해진다. 또한 실들 사이에 나중에 체온을

유지하게 해 주는 수많은 공기구멍들이 생긴다. 마지막으로 기다란 인조 양털 원단은 하나에 40킬로그램씩 되는 무거운 덩어리로 둘둘 말린다.

하산은 45분 만에 외국인 승객들을 방직 공장 앞에 내려 주었다. 원래는 평상시의 요금보다 네다섯 배는 더 요구할 작정이었다. 그런데 공장 경비실에서 대신 계산을 하게 되었고, 거기서는 툭툭이 요금을 정확하게 알고 있었다. 하산으로서는 운이 나빴다. 그러나 다행히 곧 실망을 만회할 수 있었다. 그 자리에서 바로 인조 양털 원단을 운반해 달라는 새로운 주문을 받게 된 것이다. 직공 네 명이 나와서 전체 승차 칸과 지붕에 올린 짐칸에 짐을 가득 실었고, 툭툭이는 잔뜩 실은 짐 무게에 신음했다.

하산과 경비가 짐 싣는 것을 지켜보고 있는 동안 공장 사장이 새로 산 벤츠를 타고 공장 문을 지나갔다. 잠시 사장의 뒷모습을 바라보고 있던 경비가 하산에게 말했다.

"이 나라에선 아마 공장주들과 정치인들, 그리고 장군들만 잘 살 거요. 그밖에 다른 사람들에게는 좋은 직업이 전혀 없지. 알라께서는 왜 그런 것을 허용하실까요?"

하산은 말없이 짧게 고개만 끄덕이고는 툭툭이에 올라탔다. 경비의 말에 반박하고 싶지는 않았지만 나쁜 직업이라고 모두 똑같이 나뿐 건 아니었다. 가령 경비라는 직업은 그나마 좋은 축에 속하는 나쁜 직업이었다. 월급은 많지 않았지만 대신에 하루 종일 어슬렁거리고 서 있다가 차를 마시고, 사람들과 수다나 떨면서 직공들을 괴롭혔다. 반면에 하산은 지금 정말로 열악한 환경에서 일하는 사람들에게 가는 중이었다. 바로 염색공들이었다. 하산은 툭툭이를 출발시킨 뒤 속도를 냈다.

염색 공장으로 가는 구간도 특별히 근사한 길은 아니었다. 빈민가와 다 쓰러져 가는 공장들 옆을 지나고 있었는데, 모든 건물이 강한 몬순 비 때문에 시름하고 있었다. 바닥은 아직도 물에 잠긴 상태였고, 도로 곳곳이 움푹 팬 물웅덩이였다.

하산은 요란하게 툭툭 소리를 내면서 달려와 염색 공장에 인조 양털 뭉치를 전달했다. 경비 한 명이 하산이 여기저기 돌아다니면서 구경하지 못하게 감시했다. 하지만 굳이 감시할 필요도 없이 공장 뒤로 흐르는 강의 색깔만 보아도 충분했다. 강물은 공장에서 어둠을 틈타 몰래 흘려보내는 염료의 색깔에 따라 어떤 때는 빨간색이었다가 어떤 때는 파란색, 또는 초록색을 띠었다. 공장 주변의 물은 모두 심각하게 오염된 상태였고, 그 물로 몸을 씻는 사람들은 병에 걸렸다. 인근 사람들은 우물에서 물을 길어 마셨지만, 우기인 몬순이 시작되면 강물이 넘쳐 우물로 흘러들어 갔다.

하산은 다 낡아서 삐거덕거리는 커다란 공장 안에서 염색공들이 무슨 일을 하는지도 알고 있었다. 같은 동네에 사는 남자에게서 들은 적이 있었던 것이다. 공장 안에는 작은 수영장처럼 생긴 커다란 통들이 여러 개 있는데, 이 통들은 알칼리 용액과 독한 산성 용액, 그리고 갖가지 색의 염료로 채워져 있었다. 여기서는 먼저 천들을 안에 넣고 하얗게 표백시켰다. 그래야 나중에 원래의 색깔이 제대로 빛을 발할 수 있기 때문이다.

기다란 천들은 대부분 커다란 기계에 의해 펼쳐져 염색통에 담가진다. 그러나 그 과정에서 발생하는 갖가지 장애를 없애기 위해서 아직 나이가 어린 소년 직공들은 염색통 안에 몇 번이고 맨손을 담가야 했다. 또한 통 안으로 들어가 천이 독한 염료액에 잘 잠기도록 발로 밟아야 했다. 염색이 모두 끝나면 직공들은 천을 수백 미터 길이의 빨랫줄에 널어 말렸다. 인조 양털 원단은 특별 처리를 한 번 더 거친다. 용매가 담긴 통에 담갔다가 빼는 것인데, 이는 나중에 인조 양털이 뒤얽히는 것을 방지하기 위한 조치이다.

2005년 9월 15일 오전 7시 45분. 하산은 툭툭이를 타고 다시 염색 공장의 문 앞에 서 있다. 그의 툭툭이는 커다란 인조 양털 원단 뭉치 4개와 작은 뭉치 하나로 가득 찼다. 작은 뭉치는 빨간색이었다. 지붕까지 꽉 채운 하산의 툭툭이는 공장 문을 빠져 나와 BGI 섬유 공장으로 향했다.

같은 시각, BGI 섬유 공장에서는 이미 수백 명의 여공들이 일감을 기다리고 있었다. 경비들은 공장 문을 겨우 10분 동안만 열어 두었다. 어떤 여공들에게는 출근 시간을 정확하게 지키는 것이 그리 간단한 일이 아니었다. 그들에게는 손목시계가 없었고, 거리 어디에도 시계가 걸려 있는 곳을 찾기가 쉽지 않았기 때문이다.

하산은 8시 30분 직전에 섬유 공장에 도착했다. 경비가 공장 문을 열어 주었고, 하산의 툭툭이가 문을 통과했다. 문이 다시 닫히기 직전 몸이 호리호리한 여공 하나가 마지막 순간에 문틈으로 살짝 빠져 들어갔다. 여공은 이제 갓 열일곱 살 된 타슬리마였다. 타슬리마는 재빨리 공장 건물로 들어가 자신이 일하는 2층을 향해 계단을 뛰어 올라갔다. 경비원 하나가 뒤에서 소리쳤다.

"저런 못된 것! 다음번에는 네 코 앞에서 문을 닫아 줄 테니 어디 두고 보자!"

여기서는 흔히 있는 일이었다. 이곳에서 일하는 열여섯 살에서 서른 살 사이의 젊은 여공들은 그렇게 좋은 대우를 받지 못했다.

2층으로 올라간 타슬리마는 80대 이상의 재봉틀이 두 줄로 나란히 놓여 있는 넓은 홀 안으로 들어가 가운데 쪽에 있는 자신의 자리에 앉았다. 앞으로 11시간에서 12시간 동안은 꼼짝없이 거기 앉아서 재봉질만 해야 했다. 타슬리마의 자리 뒤에는 이미 재단이 끝난 인조 양털 조끼의 각 부분들이 쌓여 있었다. 그녀가 일하는 부서는 이틀 전부터 엄청난 물량의 인조 양털 조끼를 만들고 있었다.

타슬리마는 조끼의 등판을 꺼내 주머니가 달려 있는 오른쪽 앞부분에 갖다 댔다. 탁탁탁. 벌써 어깨 부분에 재봉선이 생기기 시작하더니 어느 틈에 옆선이 완성되었다. 탁탁탁. 다음 순서는 왼쪽 앞부분으로 이어졌다.

타슬리마는 재봉틀 앞에 앉게 된 것이 마냥 기뻤다. 보조로 일하던 처음 6개월 동안은 다섯 명의 재봉사들을 거드느라 바쁘게 일하면서도 월급은 절반 밖에 받지 못했다. 그러나 타슬리마는 재봉 일을 빨리 배웠고, 재봉사 하나가 일을 그만두자 재빨리 그녀를 대신해 재봉틀에 올라앉았다.

탁탁탁. 타슬리마는 능숙하게 깃을 달아 재봉질을 했다. 소매 부분은 비스듬한 선으로 감침질하고, 조끼의 아랫단은 한번 감아올려서 단단히 박음질했으며, 마지막으로 조끼 가운데에 지퍼를 달았다. 그것으로 오늘 타슬리마가 바느질해야 할 수많은 조끼들 중에서 첫 번째 조끼가 완성되었다. 이제 아무도 타슬리마가 늦게 왔다고 욕하지는 못할 것이고, 월급에서 삭감하겠다고 위협하는 일도 없을 것이다.

홀은 빽빽하게 차 있었고, 조명은 좋지 않았으며, 환기도 거의 되지 않았다. 게다가 막 몬순 기간이 끝났기 때문에 곳곳에 물기가 가득했다. 그래서 축축한 곰팡이 냄새가 났고 공기는 무척 후텁지근했다. 가만히 앉아서 숨을 쉬는 것만으로도 땀이 났는데, 쉴 새 없이 일을 해야 하니 온몸에서는 땀이 비 오듯이 흘러내렸다.

늦어도 두 번째, 또는 세 번째 조끼를 박기 시작하면서부터 타슬리마의 손은 거의 자동으로 움직였다. 그녀의 생각은 어둡고 냄새 나는 홀을 떠나 어느덧 가족들에게 달려갔다. 타슬리마의 가족은 소형 버스로 3시간 정도면 닿을 수 있는 시골 마을에 살았다. 타슬리마는 겨우 두세 달에 한 번만 며칠 휴가를 얻어 집으로 갈 수 있었다. 삼촌 집에 모여 있을 이웃들의 얼굴도 눈에 선했다. 한 20~30명이나 되는 사람들이 마을에 있는 유일한 텔레비전 앞에 모여 앉곤 했던 것이다. 방글라데시는 인구 백 명당 겨우 여섯 명만 텔레비전을 갖고 있었고, 시골은 상황이 그보다 더 열악했다. 그래서 사람들은 한곳에 모여 텔레비전을 시청했고, 텔레비전이 있는 곳이 만남의 장소였다.

그런데 민영 방송은 방송 시간의 4분의 3이 오직 광고로만 편성되었다. 인구의 절반 이상이 하루에 겨우 1달러로 생활하고, 선전에 나오는 상품들을 살 수도 없는 나라에서 그렇게 많은 광고를 내보낸다는 것은 그야말로 미친 짓이었다. 광고 상품들은 주로 최신형 자동차와 휴대 전화, 고급 품질의 식용유와 여성들의 화장품 등이었다.

반면에 공영 방송은 교양 프로그램을 많이 내보냈다. 타슬리마뿐 아니라 방글라데시의 모든 소녀들과 젊은 여성들이 가장 좋아하는 프로그램도 공영 방송을 통해 전파되었다. 〈알프스 소녀 하이디〉와 비슷한 만화영화 〈미나〉였다. 주인공 미나는 용기 있는 열 살 소녀였다. 학교에 가는 것을 좋아했고, 집에서도 누구보다 영리했으며, 소녀들을 억압하는 것에 저항했다. 미나는 어린 나이에 결혼하는 것에 반대했고, 여자라고 학교에 가지 못하게 하는 것과 아플 때도 의사에게 보내지 않는 것에 맞서 싸웠다.

소녀들과 여성들은 이 만화 영화를 자기들끼리만 보았다. 남자들이 옆에 있으면 말참견을 하면서 흥을 보았기 때문이다. 그들에게는 〈미나〉 같은 프로그램이 마음에 들 리가 없었다. 그들은 여자들은 집 안에서 살림이나 하고, 남편들에게 무조건 순종하고, 가진 돈도 자신들에게 주기를 바랐다.

탁탁탁! 섬유 공장에서도 남자들의 입김이 절대적이다. 감독관의 허락이 없으면 여공들은 자리에서 일어날 수 없었고, 화장실에도 가지 못한다. 심지어는 허락 없이 말을 해서도 안 된다. 그랬다가는 곧바로 거침없는 폭언이 날아왔다. "말귀를 못 알아듣는 걸 보니 네 부모가 개지!" 여공들은 이런 식으로 감독관들로부터 끊임없이 시달림을 받았다. 그런데 오늘은 감독관들이 유난히 더 화를 내고 있었다. 대체 무슨 이유일까?

탁탁탁. 끝없이 길게만 느껴지는 수백만 번의 재봉질 끝에 드디어 고대하던 소리가 들렸다. "점심시간이다. 시간은 정확이 30분이고, 단 1초도 늦으면 끝장이다. 명심해!" 여공들은 공장 여기저기로 흩어져 삼삼오오 짝을 이루더니 자리를 잡고 앉았다. 모두들 밥을 먹으면서 동시에 꽉 막혔던 이야기보따리를 풀어냈다. 그러면서 곧 새로운 소문 하나도 순식간에 퍼져 나갔다. 인조 양털 조끼 물량을 오늘 안으로 모두 끝내야 한다는 것이었다. 일이 끝나기 전에는 2층 전체가 퇴근할 수 없다고 했다. 어휴, 이를 또 어째! 타슬리마는 속으로 생각하면서 집에서 싸 온 점심을 제대로 씹지도 못하고 급히 삼켰다. 다식은 야채 볶음밥이었다. 여공들은 점심시간의 대부분을 화장실 앞에 길게 늘어선 줄 앞에서 차례를 기다리면서 보내야 했다. 언제 또 화장실을 갈 수 있을지 알 수 없었기 때문이다.

탁탁탁. 타슬리마는 다시 자리에 앉아 재봉틀을 돌리기 시작했다. 잠깐의 휴식 시간 동안 피로는 전혀 회복되지 않았다. 하지만 아직은 젊었고 몸에 힘도 넘쳤다. 게다가 결코 자신의 엄마처럼 살지 않겠다는 굳은 결심도 품고 있었다. 타슬리마의 어머니는 자식을 여덟이나 낳았고 여전히 집안에서 살림을 하고 있었다. 어머니는 가족을 위해 식사를 준비했고, 가족들이 모두 배불리 먹은 뒤에야 남은 음식을 먹었다. 타슬리마와 여동생 하나를 제외하고는 가족 중에 글을 읽고 쓸 줄 아는 사람은 없었다.

친척의 도움으로 타슬리마의 부모는 자그마한 땅을 살 수 있었다. 거기에 가족이 사는 오두막집과 어머니가 가꾸는 조그만 채소밭이 있었다. 그러나 타슬리마의 부모가 제대로 농사를 지으려면 대지주의 땅을 빌려야 했고, 지주는 땅을 빌려주는 대가로 일 년 수확의 절반을 요구했다. 그래서 많은 식구들을 먹여 살리려면 타슬리마의 아버지는 몬순 기간에 다카나 치타공에서 날품팔이 일거리를 찾아야 했다.

아니, 타슬리마는 그렇게 살지 않을 것이다. 그녀는 나중에 그라민 은행에서 소액 대출을 받을 생각이다. 그라민 은행은 방글라데시에만 있는 아주 특별한 은행이었다. 가난한 사람들에게 돈을 빌려주면서 이자는 아주 적게 받았는데, 대신에 대출을 받는 사람은 두 가지 조건을 충족시켜야만 한다. 먼저 가족들에게 자기 소유의 땅이나 가게, 또는 툭툭이가 있으면 대출을 받을 수 없다. 또한 대출을 받는 사람은 반드시 여성이어야 한다. 그라민 은행은 가난의 고통을 가장 극심하게 겪는 당사자가 여성들이기 때문에 여성들이 돈을 훨씬 더 현명하게 관리할 줄 안다는 점을 알고 있었다. 반면에 남자들은 다른 남자들 앞에서 허세를 부리거나 잘난 체하기를 좋아해서 대부분의 돈을 쓸데없는 일에 탕진할 때가 많았던 것이다.

"뭐야? 또 화장실에 간다고? 거기서 빈둥거리면서 게으름 피우려는 걸 누가 모를 줄 알고!"

한 감독관의 목소리가 복도까지 쩌렁쩌렁 울려 퍼졌다.

같은 날 오후 8시. 8시에서 8시까지 12시간 지속되는 일상적인 근무 시간이 지났다. 타슬리마는 벌써 며칠 동안 재봉틀에 앉아 있었던 사람처럼 온몸이 뻐근했다. 그러나 타슬리마와 다른 여공들은 재봉틀을 멈출 수 없었다. 소문은 사실이었다. 독일에 보낼 인조 양털 조끼 1천 벌 물량을 내일 오전까지 완성해야 했던 것이다.

탁탁탁… 다시 목깃을 박았다. 타슬리마는 벌서 오래전부터 몸이 피곤했고, 양팔에 물이 가득 찬 항아리를 들고 있는 것처럼 힘이 없었다. 무엇보다 이제는 아름다운 일을 상상하는 것도 더는 불가능했다. 너무 피곤해서 자신도 모르게 저절로 눈이 감겼고, 그럴 때마다 타슬리마의 눈앞에 끔찍한 모습이 펼쳐졌다. 타슬리마와 가족들이 누워서 잠을 자고 있는데 사방에서 물이 들어오는 광경이었다.

매년 몬순 기간이면 타슬리마의 집은 물에 잠겼고, 회오리바람에 반쯤 부서졌다. 집을 최대한 빨리 복구할 수 있는 자재는 흙벽과 갈대, 대나무, 플라스틱 비닐밖에 없었다. 그러나 작년에는 상황이 훨씬 더 심각했었다. 그때는 7월 초부터 9월 중순까지 계속 물이 범람했던 것이다. 강물이 해안가를 덮쳐 처음에는 저지대만 물에 잠겼는데 수위가 점점 높아지면서 나머지 지역까지 모두 물에 잠겨 버렸다. 결국 남아 있는 몇 군데 마을만 사방 천지가 물로 뒤덮인 곳에서 작은 섬처럼 솟아 있었다. 모든 거리가 사라지고 일거리도 전혀 없었다. 그나마 조그만 나무 보트라도 있는 집에서만 다른 곳으로 움직일 수 있었다. 그런데 그보다 더 심각한 문제는 온통 물로 둘러싸여 있었지만 막상 식수가 될 만한 깨끗한 물이 없었다는 데 있었다. 음식을 조리하는 것도 큰 문제였다. 마을 여인네들은 한 군데 남아 있는 아궁

이를 교대로 사용하면서 간신히 먹을 것을 만들어야 했다.

평상시에는 8월이 되면 물이 빠졌지만 그때는 다시 한 번 수위가 높아지기 시작했다. 타슬리마의 가족도 급하게 가족들과 소 한 마리가 겨우 들어갈 수 있는 작은 오두막을 지어야 했다. 그러던 어느 날 밤 물이 집 안으로 흘러들어 와 흙벽이 무너지는 바람에 모두들 잠에서 깨어났고, 타슬리마와 동생들은 엉덩이까지 물에 잠긴 채로 서서 밤을 지새워야 했다. 결국 타슬리마의 가족은 다음날 아침에 집을 떠나 시내에 있는 친척 집에서 몇 주를 보내야 했다. 그 기간 동안 타슬리마의 가족은 빌린 돈으로 근근이 살아갈 수 있었다. 그러나 지역 사채업자는 그 대가로 20퍼센트의 이자를 요구했는데, 그것도 일 년이 아니라 한 달 이자가 그렇게 비쌌다. 타슬리마의 부모는 지금도 타슬리마가 보내는 돈의 일부로 그 빚을 갚고 있다.

탁탁… 헉! 타슬리마는 깜짝 놀랐다. 깜빡 졸고 있다가 하마터면 손까지 박을 뻔한 것이다. 여공들이 일에 지쳐서 너무 피곤할 때면 재봉 바늘과 날카로운 재단 칼에 찔리는 사고가 자주 일어났다. 타슬리마에게는 절대로 일어나면 안 되는 사고였다. 타슬리마가 섬유 공장에 다니면서부터 그녀의 가족에게도 고정적인 수입이 생기기 시작했다. 그 때문에 타슬리마도 일을 그만두겠다는 생각은 꿈에도 하지 않았다. 비록 어떤 때는 너무 힘들어서 당장이라도 쓰러질 지경이었지만 그렇다고 일을 그만둘 수는 없었다. 타슬리마는 그럴 때마다 얼른 눈물을 훔치고 가족들을 생각하면서 계속 일을 했다.

밤 11시 5분. 타슬리마와 여공들은 벌써 16시간째 쉬지 않고 재봉질을 하고 있다. 그들은 오늘 점심시간에만 잠시 휴식을 취했다. 지금까지 완성된 조끼는 889벌이었다. 타슬리마는 벌써 몇 시간 전부터 화장실이 너무 급했다. 하지만 감독관들은 8시 이후로 아무도 내보내지 않았다. 그 대신 하루 종일 욕만 하고 있었다. "너희 게으름뱅이들은 달팽이들보다도 느려 터졌어!"

베이지색과 파란색, 갈색 원단 뭉치가 점점 얇아졌다. 남은 물량이 충분하지 않으면 매질을 당할 텐데. 타슬리마는 속으로 빌었다. 탁탁 탁…

새벽 1시 10분이다. 인조 양털 원단이 거의 바닥이 났다. 재단용 탁자 위에는 자잘한 천조각들만 남아 있었다. 작업반장이 재단사들에게 호통을 쳤다.

"이 멍청한 것들. 천을 너무 크게 잘라 썼잖아! 너희들 월급에서 모두 삭감할 테니 각오해!"

타슬리마는 더 이상 보고만 있을 수 없었다. 그녀는 자리에서 일어나 통로로 달려갔고, 쓸 만한 인조 양털 원단이 남아 있는지 사방을 찾아보았다. 그녀가 사랑하는 만화 영화의 주인공 미나라면 이런 상황에서 어떻게 할까? 주위를 둘러보던 타슬리마는 한쪽 구석에 놓여 있는 빨간색 원단 뭉치를 발견했다.

"여기요! 여기 원단이 더 있어요!"

타슬리마가 구석에 있던 빨간색 원단 뭉치를 끌고 왔다.

"그건 빨간색이잖아!"

재봉사가 소리 질렀다.

"빨간색이 어때서요? 독일인들 중에서는 빨간색 조끼를 좋아하는 사람도 분명 있을 거예요!"

"남자들이 빨간색 조끼를 입는다고?"

한 재단사가 묻는 얼굴로 감독관을 쳐다보았다. 감독관은 그저 어깨만 한번 들썩일 뿐이었다.

"난 아무래도 상관없어! 중요한 건 곧 일을 끝내고 모두 집으로 간다는 거야!"

결국 그들은 빨간색 인조 양털로 조끼를 만들기 시작했다. 탁탁탁… 순식간에 빨간색 양털 조끼 11벌이 완성되었다. 내 양털 조끼는 완성되자마자 다른 조끼들과 함께 커다란 상자로 옮겨졌다. 정말이지 힘든 하루였다. 그래도 여공들 중에서 일자리를 잃는 사람이 아무도 없을 테니 다행이었다.

흔들리는 강철 상자들의 제국
― 유럽으로 향하는 컨테이너선에서

2005년 9월 16일. 다카의 변두리에 위치한 섬유 공장의 마당에 2주 전부터 큼지막한 빨간색 금속 컨테이너 한 대가 놓여 있다. 길이 6미터에 넓이와 높이는 각각 2, 3미터인 컨테이너였다.

컨테이너는 매일 옷이 가득 담긴 상자로 채워졌다. 그러나 컨테이너를 가득 채우려면 아직 더 기다려야 한다. 수천 벌의 옷으로 가득 채워야 하기 때문이다. 인조 양털로 만든 조끼 외에도 재킷과 트레이닝복, 잠옷도 들어가야 했다. 컨테이너는 여기저기에 움푹 들어간 곳이 있었고 녹이 약간 슬어 있었다. 8년 전부터 쉴 새 없이 전 세계를 돌아다녔으니 당연한 일이었다.

오전 10시 경 인조 양털 조끼를 담은 상자 3개로 컨테이너의 마지막 빈틈이 채워졌고, 직공 여덟 명이 달라붙어 컨테이너의 문을 힘껏 밀어 잠금 장치를 채웠다.

 섬유 공장 사장은 이번에는 하산에게 전화하지 않았다. 그의 툭툭이는 컨테이너를 싣기에는 너무 작았다. 그 대신 지저분한 대형 화물차가 와서 컨테이너를 실었다. 화물차는 바퀴가 푹푹 빠지는 진흙길을 따라 치타공 항구로 향했다. 화물차 운전사는 항구에 도착하자마자 빨간색 컨테이너를 내려놓고 돌아갔다. 그 뒤로 며칠 동안은 아무 일도 일어나지 않는다. 컨테이너는 항구의 컨테이너 화물 집하장에 세워진 채 마지막으로 내리는 몬순 비를 고스란히 맞고 있다.

 여공들은 납품 기한을 맞추기 위해서 쓰러지기 직전까지 일을 해서 간신히 물량을 완성했는데, 또 다른 곳에서는 며칠 동안이나 모든 것이 정지된 채 방치되어 있는 경우가 허다하다. 거기에 컨테이너가 있다는 사실을 깜박 잊기라도 한 걸까? 그렇지 않다. 세관원 몇 명은 끊임없이 그 컨테이너를 생각하고 있었다. 그럼에도 불구하고 그들은 컨테이너의 화물 발송장에서 계속 문제점을 찾아냈다. 한번은 화물 내용을 기록하는 칸이 정확하게 기입되지 않았다고 했고, 다음날에는 경제부의 특정 소인이 찍히지 않았다고 했다.

2005년 9월 21일. 5일 동안 신경질적인 전화 통화를 주고받던 섬유 공장 사장이 직접 항구를 찾아갔다. 그는 세관원을 만나기까지 1시간이나 기다려야 했고, 그 이후에 간신히 들은 말도 외무부의 추가 증명서가 빠졌다는 것이다. 그러면서 이번 규정은 완전히 새로 도입된 것이라고 했다.

공장 사장은 이쯤에서 두 손을 들고 세관원에게 밖에서 잠시 따로 만나자고 부탁했다. 그는 작은 봉투를 꺼내 세관원에게 건넨 뒤 잠시 차 한 잔 마시러 나갔다. 그가 다시 돌아왔을 때는 모든 서류가 통과된 상태였다.

여기서 한 가지 짚고 넘어가야 할 중요한 문제가 있다. 국제 투명성 기구가 발표한 국가 청렴도 지수에 따르면 방글라데시는 세계에서 가장 부패한 나라들 중 하나라는 사실이다. 이 말은 방글라데시의 공무원들은 뒷돈을 받지 않으면 손끝하나 까딱하지 않는다는 뜻이다. 그런 부정한 돈을 '박쉬시'라고 하는데, 원래는 오리엔트에서 유래한 말이지만 아시아 전역과 아프리카에서도 뜻이 통하는 말이다. 한 마디로 박쉬시는 곤란한 상황에서 빠져 나오기 위해 건네는 뇌물을 뜻한다.

2005년 9월 22일. 대형 크레인이 우리의 빨간색 컨테이너를 들어 올려 컨테이너선 다카 호가 정박해 있는 선착장으로 향했다.

 # 강철 상자의 개선 행진

지금으로부터 약 50년 전인 1956년 컨테이너의 혁명이 시작되었다. 미국인 말콤 맥린이 좋은 생각을 떠올렸다. 화물차에 실은 화물을 다시 하나씩 꺼내서 배나 기차로 옮겨 싣는 대신에 처음부터 운반할 수 있는 강철 상자에 차곡차곡 쌓아서 통째로 옮기면 어떨까 하는 생각이었다. 통일된 규격으로 상자를 만들면 훨씬 쉽게 운반할 수 있을 것으로 생각했고, 이러한 생각은 실제로 이루어졌. 표준 규격의 컨테이너는 전 세계 어디서나 크기가 동일하다. 길이 6미터에 폭과 높이가 각각 2,3미터인 20피트 컨테이너(TEU)이다. 표준 컨테이너의 적재 용량은 약 30세제곱미터이다. 오늘날에는 점점 40피트 컨테이너로 바뀌는 추세이며, 이 컨테이너의 길이는 약 12미터이다.

오늘날 우리 시대는 컨테이너가 세계를 정복했다고 할 수 있을 것이다. 전 세계적으로 모든 화물의 절반 이상이 컨테이너를 통해 운반되기 때문이다. 현재 화물 운송에 사용되는 전체 컨테이너의 수는 약 2천만 대이며, 2005년의 컨테이너 운송 횟수는 대략 3억 번으로 추산된다. 이런 컨테이너들이 없었다면 세계화는 불가능했을 것이고, 적어도 지금 같은 속도로 진행되지는 못했을 것이다. 세계 무역의 95퍼센트는 바다를 통해 이루어진다. 해운 회사들은 석유와 철강석 등의 원료는 특수 유조선과 화물선으로 운반하고, 각종 상품들과 개별 부품 및 완성품, 쓰레기와 고철들을 포함한 나머지 화물들은 컨테이너에 실어 운반한다.

로테르담 항구에 쌓여 있는 컨테이너. 국제 표준화기구에서는 프레이트 컨테이너(freight container)라는 말을 사용한다. 합판, 강철, 알루미늄 등 다양한 재로가 사용된다.

250대의 컨테이너를 실을 수 있는 다카 호는 대형 컨테이너선들의 화물 수송을 보조하는 '피더선'이다. 그래서 대형 컨테이너선들의 우편배달부라고 불리며, 크기가 작고 물에 잠기는 부분도 얼마 되지 않는다.

다카 호는 물에 잠기는 깊이가 4~5미터이기 때문에 아시아 연안의 수심이 깊지 않은 많은 강들을 운항할 수 있다. 강물의 수위가 더 낮을 때도 치타공 항구를 출항할 수 있으며, 카르나풀리 강을 떠나 벵골 만으로 타고 내려갈 수 있다.

다카 호는 남쪽으로 항로를 잡는 한편으로 육지와 계속 가까운 거리를 유지했다. 선교에서 보니 끝없이 길게 이어진 하얀색 해변이 펼쳐져 있었다. 이곳은 콕스 바자르였다. 총 길이가 130킬로미터가 넘는 세계 최대의 해변이었다.

그러나 이곳을 찾는 외국 여행객들은 별로 없었다. 많은 사람들이

방글라데시에서 휴가를 보낸다는 생각은 하지 않았다. 특히 서양인들은 방글라데시라고 하면 홍수와 기아에 시달리는 사람들의 얼굴을 떠올리는 경우가 많았다.

2005년 9월 25일. 선원들은 3일 동안 조용한 날을 보냈다. 날씨가 좋았고, 배에서도 별다른 사고는 없었다. 수평선에는 언제나 똑같은 해안이 펼쳐져 있었다. 그 너머 어딘가가 미얀마와 태국의 경계로 뻗어 있을 것이다.

그럼에도 불구하고 배에는 팽팽한 긴장감이 감돌고 있었다. 말라카 해협이 가까워질수록 선장과 선원들은 차츰 불안해졌다. 이 해협은 다카 호 같은 중소형 화물선이 지나기에는 결코 만만한 곳이 아니었다. 해적들의 출몰이 잦은 지역이었기 때문이다.

서쪽(유럽, 아프리카, 중동, 인도)에서 동쪽(중국, 필리핀, 일본)으로 향하는 모든 배는 이 해협을 통과해야 한다. 인도네시아 군도가 남중국해로 들어가는 입구를 가로막고 있어서 길이 1천 킬로미터에 폭이 때로는 25킬로미터에 불과한 말라카 해협이 유일한 통로였던 것이다.

일 년에 약 5만 척의 상선이 말라카 해협을 통과했고, 전 세계에서 발생하는 해적 습격 사고의 50퍼센트가 이곳에서 일어났다. 해적이

라니, 그들은 먼 과거의 유물이 아니었던가? 오늘날의 해적들은 해골 깃발을 단 범선이 아니라 눈에 띄지 않는 어선이나 작은 쾌속선을 타고 등장하며, 신속하고 무자비하게 공격한다.

다카 호의 모든 선원들은 너무 긴장해서 땀을 흘렸다. 특히 선장이 더 그랬다. 그는 예전에도 한번 해적들의 습격을 받은 적이 있었다. 왼쪽 손등에 남은 작은 흉터는 그때의 일을 떠올리게 하는 상처였다. 그는 당시 권총과 넓적한 마체테 칼로 무장한 남자들에게 배의 금고가 있는 곳으로 빨리 안내하지 않았다는 이유로 공격을 받았다. 지나가는 작은 어선들이 다카 호로 접근할 때마다 선장의 심장 박동도 더 빨라졌다.

끝없는 긴장 속에서 10시간을 보내고 드디어 해방이 찾아왔다. 한밤중에 다카 호 앞에 갑자기 화려한 연극 무대가 펼쳐졌다. 방금 전까지는 어둠 속에 쌓여 있었는데, 이제는 수백 개의 크고 작은 조명 기둥들이 솟아 있었다. 헬리콥터 소리와 수많은 자동차들의 경적 소리가 들려왔다. 무더운 거리 위에서 바로 증발해 버리는 비가 내리는 듯했다. 이곳은 아시아 대륙 최남단에 위치한 작은 도시 국가 싱가포르였다.

250여 년 전 영국인들이 무역의 중심지로 세운 도시 싱가포르는 오늘날 세계 최대의 컨테이너 항구가 되었고, 세계 무역의 중심축이 교차하는 곳이었다. 동아시아와 유럽 항로, 동아시아와 동남아시아/근동 항로, 동아시아와 호주 항로가 여기서 만났다. 2005년에는 대략 2천만 대의 컨테이너가 이곳에서 옮겨졌고, 매년 2~3백만 대가 증가하는 추세를 보이고 있다. 평균을 따지면 하루에 처리하는 물량이 대략 6만 3천 대 꼴이었다. 이런 일이 가능하려면 모든 것이 완벽한 질서 속에서 이루어지는 곳이라야 했다.

싱가포르는 어차피 질서의 나라로 유명한 곳이다. 싱가포르에서는 거리에 껌을 뱉으면 처벌을 받고, 흡연자들은 오직 유리로 만들어진 흡연 상자 안에서 담배를 피워야 한다.

싱가포르의 컨테이너 항구는 질서의 나라에서도 가장 완벽한 질서의 제국 자체였다. 그래서 이곳에서는 모든 일이 순조롭게 진행되었다. 다카 호에 실렸던 짐들도 다섯 시간 만에 모두 내려졌다.

2005년 9월 27일. 인조 양털 조끼가 들어 있는 컨테이너는 다른 수백 대의 컨테이너들 틈에 세워진 채 21시간을 기다렸다. 잠시 후 컨테이너는 대형 크레인에 의해 거대한 컨테이너 선박의 화물칸으로 옮겨졌다. 부두에 정박해 있는 월드 스타 호는 최신 컨테이너선이다. 길이가 312미터로 최신 장비를 갖추고 있으며, 8400여 대의 컨테이너를 실을 수 있다.

다카 호는 단 한 곳의 최종 도착항으로 가는 화물을 싣는 배였다. 그래서 모든 일이 비교적 단순하게 진행되었다. 그러나 월드 스타처럼 8400대나 되는 컨테이너를 실어야 하고, 항해하는 동안 12곳의 항구를 경유해야 하며, 그때마다 배에 실은 화물의 일부를 계속 교환해야 한다면 상황은 훨씬 더 복잡했다.

컨테이너를 가능한 한 적게 이동시키면서 배에서 내리거나 다시 올릴 수 있도록 차곡차곡 쌓는 일은 그 자체로 신기에 가까운 기술이었다. 이 기술은 해운 회사의 본사에서 일하는 엔지니어 월터 스미스의 작품이었다. 전문가인 그는 컴퓨터 앞에 앉아서 컨테이너를 가장 효율적으로 쌓아 올리는 방법을 산출했다. 정교하게 고안된 프로그램이 컴퓨터에 입력되어 있음에도 불구하고 며칠씩 걸리는 힘든 작업이었다. 선박 엔지니어 필립 코너는 그렇게 해서 완성된 설계도를 토대로 모니터 앞에 앉아서 컨테이너를 쌓거나 내리는 일을 전체적으로 감독했다.

모니터 상에서는 컨테이너가 원래의 색깔이 아니라 목적지를 표시하는 색깔에 따라 분류되었다. 빨간색은 사우디아라비아의 제다 항, 초록색은 에스파냐 바르셀로나 항, 노란색은 영국 사우샘프턴 항, 보라색은 네덜란드 로테르담 항, 파란색은 독일 함부르크 항(우리의 인조 양털 조끼를 실은 컨테이너도 그곳으로 간다)을 나타낸다. 회색은

 # 컨테이너선

 2007년의 통계에 따르면 전 세계적으로 컨테이너선은 약 3500척에 이른다. 그와 동시에 약 5000척이 새로 만들어지고 있거나 적어도 앞으로 10년 안에 만들어질 계획에 있다.

2005년에는 8400대를 실을 수 있는 8400 TEU급이 세계 최대의 화물선이었는데, 다음 해인 2006년에 벌써 더 거대한 화물선이 만들어졌다. 선체 길이 397미터에 화물 적재 용량이 11000에서 13000 TEU급인 엠마 머스크 호가 그것이다. 1970년대까지만 해도 조선업의 강국은 유럽이었다. 그러다가 더 빠르고 싸게 만들 수 있는 일본이 조선 강국이 되었고, 1990년대에는 다시 한국이 일본을 앞지를 수 있게 되었다. 오늘날 대형 유조선과 컨테이너선은 대부분 한국의 거대 조선소에서 만들어지고 있다. 그러나 조선업 경쟁의 다음 라운드는 다시 시작되었다. 이제는 중국이 한국을 앞지르기 위해서 전력을 다하고 있기 때문이다. 독일의 조선소들은 피더선과 여객선 분야에 주력하고 있으며, 여객과 자동차를 함께 실어 나르는 카페리와 컨테이너선을 만들고 있다.

현대중공업은 2010년 현재 세계에서 가장 큰 조선 회사이다. 1972년 울산에서 설립된 이 회사는 현재 전 세계 배 가운데 15%을 만들고 있다.

텅 빈 컨테이너를 나타내는데, 빈 컨테이너는 거의 유럽에서 아시아로 가는 항로에만 있었다. 위험한 화물을 실은 컨테이너는 특별한 표시를 달아서 더 안전한 곳에 따로 보관했다.

컨테이너를 실을 때 선박 엔지니어는 화물의 무게를 적절하게 분할하는 일에도 신경을 써야 한다. 배가 한쪽으로 기울어지는 일이 없

어야 하기 때문이다. 좌현이나 우현에 너무 많은 컨테이너를 실었다면, 그 반대편에는 물을 가득 채운 밸러스트 탱크를 비치함으로써 배의 균형을 잡아야 했다.

싱가포르 항에서는 약 2천 대의 컨테이너를 내리고 다시 실어야 했다. 월드 스타 호에 주어진 시간은 정확히 20시간이었다. 20시간은 1200분이니까 컨테이너 한 대를 움직이는 시간이 30초 이상을 초과하면 안 된다는 말이다.

싱가포르에서 실은 8023대의 컨테이너가 19열로 차곡차곡 쌓였다. 각 열마다 컨테이너 25대를 세울 수 있는 칸이 마련되어 있었고, 각 칸마다 배 밑의 화물칸에서부터 갑판 위까지 15대에서 17대의 컨테이너가 차곡차곡 쌓였다. 그렇게 쌓아 올린 높이가 40미터에 이를 때도 있는데, 그것은 아파트 9층 정도의 높이였다. 우리의 인조 양털 조끼를 실은 컨테이너는 15열 12번째 칸의 4층에 놓였다.

2005년 9월 28일 오후 6시 30분. 월드 스타는 예정보다 겨우 30분 늦게 싱가포르 항구를 출발했다. 이제 주변 상황은 모든 선원들의 철저한 주의를 요구했다. 말라카 해협을 통과해야 했기 때문이다. 그것도 밤중에. 그러나 월드 스타의 승무원들은 소규모 피더선인 다카 호의 승무원들처럼 심한 두려움을 가질 필요는 없었다.

해적들에게도 대형 화물선은 결코 손쉬운 먹잇감이 아니었다. 월드 스타 같은 화물선은 몸집 자체가 아파트 단지처럼 높은데다 24에서 26노트(시속 44~48km)의 빠른 속도로 해협을 통과하기 때문이다. 그렇지만 월드 스타에도 약점이 한 군데 있었는데 바로 뒷갑판 쪽이었다. 배의 뒤쪽 말미에 있는 이 빈 공간은 갑판의 나머지 외벽보다 훨씬 낮았다. 원래 항구에서 물자 공급을 수월하게 하기 위해서 만들어진 곳이다 보니 해적들이 올라오기에도 쉬운 곳이었다.

새벽 2시 쯤 정체를 알 수 없는 작은 배가 수상하게 배의 뒷전으로 접근하자 노이볼트 선장은 해적 경보를 울렸다. 선원 8명이 신속하게 뒷갑판으로 달려가 굵은 화재 진압용 호스를 연결시켰다. 갑판으로 올라오는 침입자에게 강한 물줄기를 발사해 바다로 떨어뜨리기 위한 것이었다. 해적들도 그것을 예상했기 때문인지, 아니면 그저 대형 화물선과 경주하고 싶어 하는 짓궂은 어부들이 탄 배였는지 월드 스타는 무사히 해협을 통과했다.

그러나 동남아시아 항로에서는 매달 대여섯 건의 해적 습격이 보고되고 있는 것이 현실이다. 해적들이 일단 200~300미터 길이의 화물선을 습격하는 데 성공하기만 하면 그들은 한몫 톡톡히 챙길 수 있었다. 간혹 선원들을 포박한 뒤 배의 금고를 약탈하는 것으로 만족할 때도 있었지만, 그들을 인질로 끌고 가서 몸값을 요구하는 일도 점차 증가

하고 있었다. 그렇게 되면 납치된 배는 이름을 바꿔 서류 심사가 까다롭지 않은 항구에서 짐을 내렸다. 월드 스타의 항해실에도 최종적으로 실종 신고가 된 '유령선'들의 명단이 걸려 있었다.

2005년 9월 30일. 월드 스타는 8시간 전에 말라카 해협을 통과해 서남서로 항로를 틀었다. 해적이 출몰하는 위험 지역을 벗어나자 다시 새로운 위험이 기다리고 있었다. 바로 무료함이었다. 3천 킬로미터에 이르는 기나긴 인도양 항로가 직선으로 끝없이 이어지기 때문이다. 그 후 월드 스타는 항로를 바꿔 홍해로 향했다.

자, 이제 한 가지 긴 설명을 하기에 적절한 시점인 듯하다. 노이볼트 선장은 자신의 배가 어느 나라를 위해 일하는지 설명할 때면 언제나 심호흡부터 먼저 했다. 월드 스타는 독일의 한 해운 회사에 소속된 화물선이었고, 사장이 오스트리아 사람이고 본사는 홍콩에 있는 노르웨이 기업을 위해 운항하고 있었다. 지금은 파나마 깃발을 달고 운항 중이었고, 선장은 독일인에 선박 엔지니어는 영국인이었으며, 나머지 선원들은 모두 필리핀 사람들이었다. 월드 스타는 한국의 대우 조선에서 만들어진 배였고, 현재 중국과 인도, 태국, 방글라데시, 오스트리아에서 생산한 제품들을 사우디아라비아와 이집트, 에스파냐, 영국, 네덜란드, 독일, 발트 해 국가들의 시장을 위해 운반하고 있었다.

2005년 10월 5일. 월드 스타 호는 2시간이 지연된 끝에 사우디아라비아의 컨테이너 항구인 제다 항을 출발했다. 월드 스타가 실을 수 있는 컨테이너는 모두 8400대인데 지금은 7923대가 실려 있다. 제다 항에서 100대를 하역했기 때문이다. 배에 실린 컨테이너를 일렬로 세우면 전체 길이는 대략 48킬로미터에 이를 것이다.

외부에서 볼 때 컨테이너선들은 참 멋없고 단조롭게만 여겨질 것이다. 그러나 이 배들이 운반하는 노란색, 파란색, 빨간색 강철 상자에 실려 세계 곳곳으로 향하는 물건들은 세계 무역의 절반 이상을 차지한다. 유럽으로 수출되는 오스트레일리아산 포도주를 비롯해 갖가지 전자제품들, 그리고 유럽 시장을 위해 만들어진 수천 톤의 의류에 이르기까지 다양한 물건들이다. 근래에 들어서는 기업의 대규모 이삿짐을 실은 컨테이너들도 점점 늘어나고 있다. 이 짐들은 자신의 일자리와 생활 터전을 유럽에서 아시아로, 또는 아시아에서 유럽으로 옮기는 사람들의 것이다.

월드 스타의 승무원들은 자신들이 운반하는 짐들의 정체를 화물 목록을 통해서나 겨우 짐작할 수 있을 뿐이다. 그러나 7923대의 컨테이너가 별다른 문제를 일으키지 않고 얌전히 있는 동안은 그 안에 무엇이 들어 있든 승무원들에게는 상관이 없었다. 그런데 4열 5층에 있

 # 세계화 시대의 논리학

인조 양털 조끼와 조끼의 원료는 처음 주문을 했던 함부르크에 도착할 때까지 대략 2만 5천 킬로미터를 돌아야 한다. 그러나 그것은 비교적 짧은 거리다. 가령 전기 주전자 같은 제품에 들어가는 부품들은 완성된 제품으로 최종 소비자를 만날 때까지 지구를 세 바퀴나 돌아야 하는 경우도 있다.

대기업에서 일하는 전문가들은 어떻게 하면 생산 과정을 더 세분화하고, 더 저렴한 비용으로 나눌 수 있을지 끊임없이 고민한다. 원료를 가장 싸게 구할 수 있는 곳은 어디이고, 생산 비용이 가장 적게 드는 생산지는 어디일까? 제품을 생산하는 데 가장 값싼 노동력을 구할 수 있는 곳은 어디일까?

세계화된 생산 과정은 운송비에 크게 좌우된다. 그러나 지금은 컨테이너선의 발달 덕분에 전체 생산비에 별다른 영향을 주지 않을 정도로 운송비가 낮아졌다. 오스트레일리아에서 생산한 포도주 한 병을 유럽으로 운반하는 데 들어가는 비용은 얼마일까? 2005년 기준으로 아시아와 유럽 항로를 운항하는 컨테이너선에 들어가는 컨테이너 한 대를 빌리려면 1000유로를 지불해야 한다. 컨테이너 한 개에는 포도주 6병을 넣을 수 있는 상자 999개가 들어간다. 따라서 포도주 한 병에 들어가는 운송비를 따지면 겨우 16센트에 불과하다. 아시아에서 유럽으로 수출하는 인조 양털 조끼의 운송비는 그것보다도 싸서 조끼 한 벌 당 5센트에서 10센트 정도이다. 컨테이너 한 대에 화물을 얼마나 빽빽하게 실을 수 있느냐에 따라 비용의 차이가 발생하는 것이다.

그러나 앞으로 석유 매장량이 점점 줄어들게 된다면 운송비도 함께 상승할 수밖에 없을 것이다. 그래서 전기 주전자 하나에 들어가는 부품들을 더 싸게 만들기 위해서 지구를 세 바퀴나 돌게 하는 것이 앞으로 얼마 동안이나 유효할지는 아무도 모른다.

는 C 52-786-23-894 컨테이너에는 대체 무슨 일이 일어난 걸까? 컨테이너 안에서 붉은 액체가 흘러나와 아래층으로 스며들고 있었다. 마치 컨테이너가 피를 흘리는 것처럼 보였다. 화물 목록에 따르면 에스파냐로 보내는 동물들의 털가죽이 들어 있었다. 별도의 처리 과정을 거치지 않은 채 도살장에서 바로 실은 게 분명했다. 며칠 뒤부터 번지기 시작한 지독한 악취는 그런 짐작이 틀리지 않았다는 사실을 다시금 확인시켜 주었다.

배에서 사용하는 여러 가지 물품들은 알록달록한 작은 컨테이너에 실려 있었고, 승무원들은 모두 고물의 높은 곳에 자리 잡은 하얀 갑판실에서 생활했다. 갑판실의 꼭대기 층인 A갑판에는 배의 두뇌에 해당하는 선교와 통제실이 있었다. B갑판에는 승무원들의 허기를 채우기 위한 조리실과 식당이, C갑판에는 텔레비전과 운동 기구들이 갖춰진 또 다른 공동 이용 공간이 있었다. D갑판에서 G갑판까지는 승무원들과 선장의 개인 공간이었다. 갑판실 아래쪽에는 기계실이 있었다. 배의 복잡한 기계 장치에 전기를 공급하는 발전기와 6층짜리 아파트 높이의 거대한 모터가 있는 곳이다. 이 모터는 9만 3000마

SUEZ CANAL

력의 힘을 내는데, 이는 자동차 700대를 움직일 수 있다.

 월드 스타는 이 거대한 모터를 이용해 동력을 비축했다. 운행 시간표에 따라 정확하게 움직여야 하는 노선버스들처럼 월드 스타도 지구의 반 이상을 도는 여행을 안전하게 마쳐야 하기 때문이다. 항구에서는 정해진 시간 동안 배를 정박할 수 있는 자리를 예약해야 하고, 그 값을 지불해야 한다. 그래서 항구에서 지연된 시간은 바다에서 만회해야 하는데, 그럴 때면 거대한 화물선은 26노트의 빠른 속도로 바

다를 헤치며 나아갔다.

바로 다음 항해 구역인 수에즈 운하를 통과하기 위해서는 시간을 정확하게 지키는 것이 무엇보다 중요했다. 수에즈 운하는 약 150년 전에 지중해와 홍해를 최단거리로 연결할 수 있는 곳의 사막을 파서 만든 운하였다. 운하의 길이는 195킬로미터이고, 처음에 52미터였던 폭은 그사이 365미터로 확장되었다. 그럼에도 불구하고 수에즈 운하는 일방통행식 운행만 가능한데, 이는 오늘날의 컨테이너선과 유조선들이 워낙 폭이 넓고 바닥이 깊기 때문이다.

그래서 배들은 호송선의 지휘를 받으면서 교대로 출발했다. 이 호송선을 놓치면 반대 방향에서 오는 배들이 모두 지나갈 때까지 최소한 이틀은 기다려야 했다. 그러나 월드 스타는 운이 좋았다. 막힘없이 홍해를 통과해 마지막 순간에 호송선을 따라잡을 수 있었던 것이다.

2005년 10월 10일 밤. 월드 스타는 지브롤터 해협 근처에 있는 에스파냐의 알제시라스 항구에 도착했다. 예정된 정박 시간은 다섯 시간이었지만 배에서 내릴 컨테이너는 300대였고 새로 실을 컨테이너는 10대뿐이었다. 하지만 남는 시간이 충분해도 배에서 내리려는 사람은 없을 것이다. 선장과 고급 선원들은 화물을 내리고 싣는 작업을 감독해야 했고, 나머지 선원들에게는 에스파냐의 야경을 구경하는 것이 너무 비쌌기 때문이다. 택시를 타고 술집에 가서 맥주 몇 잔 마시는 데도 적지 않은 돈이 들어갔다. 고향에서는 온 가족이 이들의 수입에만 의지해 살았고, 이들이 받는 돈은 한 달에 1000에서 1200유로였다.

선원들은 끊임없이 전 세계를 돌아다니지만 그러면서도 정작 세상 구경은 제대로 하지 못한다는 사실이 그저 신기할 따름이다. 그들이 출항하는 항구는 세계 어디나 거의 비슷했다.

선원들의 유일한 즐거움은 해운 회사에서 6개월에 한 번 허락하는 며칠간의 휴가였다. 그들은 6개월에 한 번 사랑하는 아내와 아이들과 부모를 만날 수 있었다. 선장과 고급 선원들의 상황은 그보다 나았다. 그들은 3개월마다 휴가를 받아 집으로 갈 수 있었다.

2005년 10월 12일. 월드 스타는 지브롤터 해협을 지나 이베리아 반도를 따라 항해하다가 이제 도버 해협으로 향하는 비스케이 만을 지나고 있었다. 그때 조리실에서 좋지 않은 소식이 들어왔다. 필리핀 주방장 후안의 보고에 따르면 현재 남아 있는 브로콜리가 두 끼 식사를 준비할 분량밖에 없다고 했다. 저민 돼지고기 햄과 곁들여 먹는 브로콜리 수프나 샐러드는 배에서 가장 인기 있는 음식이었다. 선장은 좋은 음식과 다 함께 먹는 식사를 무척 중요하게 생각했다.

그래야 선원들 간의 단합과 화합이 제대로 이루어지기 때문이었다. 어쨌든 승무원 22명은 서로 힘을 모아 첨단 장비들로 무장한 이 거대한 강철 구조물을 일사불란하게 통제해야 했다. 컨테이너들도 지금까지는 특별한 문제를 일으키지 않았다. 그러나 그것은 지금까지였다. 앞으로 몇 시간은 강한 폭풍이 예고된 상태였다.

월드 스타는 비스케이 만에서 처음으로 강한 가을 폭풍을 만났다. 이제 선장은 폭풍을 피해 가까운 항구 도시로 배를 돌려야 할지 결정을 내려야 했다. 그러나 그는 강도 2의 폭풍이 예고될 때까지는 원래의 항로를 지키라고 지시했다. 결국 거대한 화물선은 폭풍의 한가운데로 뚫고 들어갔다.

월드 스타가 요동치는 바다를 헤치고 나아가는 동안 잠잠하던 컨테이너들이 서서히 깨어나기 시작했다. 그들은 배가 기울어질 때마다 날카로운 금속 소리로 합창을 했다. 그러나 모든 컨테이너가 똑같은 세기로 소리를 내는 건 아니었다. 컨테이너 D 42-523-46-743은 옆에 있는 컨테이너 M 53-987-12-853을 좋아하지 않는지 옆에서 자꾸만 멀어지고 있었다. 선원들은 걱정스러운 표정으로 간격을 측정했다. 그밖에도 폭풍이 일 때는 냉동 컨테이너의 전기 결합선이 끊어져 내용물이 녹을 위험도 커졌다. 그래서 선원들은 30분마다 순찰을 돌면서 컨테이너에 문제가 없는지 계속 관찰했다. 다행히 모든 일은 예정대로 흘러갔다. 7시간 동안 배를 이리저리 흔들어 대던 폭풍은 잠잠해졌고, 월드 스타는 별다른 손실이나 시간 지연 없이 폭풍을 이겨 냈다.

그렇다면 원래 위험이 없었던 걸까? 그렇지 않다. 강한 폭풍이 불 때면 위험은 언제나 존재했다. 대양을 오가는 상선들 중에서 일주일에 평균 두 척이 거친 폭풍우 때문에 침몰했다. 때로는 높이가 20미터나 되는 거대한 괴물 파도가 배를 삼켜 버리는 일도 종종 일어났다.

월드 스타는 도버 해협을 통과해 북해에 이르렀다. 선장은 밖으로 나와 공기를 들이마셨다. 고향의 냄새가 났다. 세계의 대양 어디에도 공기 중에 포함된 요오드 함량이 여기처럼 높은 곳은 없었다.

긴 항해의 마지막 구간에서 승무원들은 다시 한 번 정신을 바짝 차려야 한다. 거대한 선체를 이끌고 엘베 강을 거슬러 올라가는 동안 수많은 컨테이너선들이 줄줄이 늘어선 정체 현상이 빚어지지 않기만을 빌어야 했다.

2005년 10월 15일. 월드 스타는 속도는 느리지만 쉬지 않고 엘베 강을 따라 올라갔다. 월드 스타처럼 물에 잠기는 부분이 깊은 거대한 컨테이너선들은 밀물이 북해의 엄청난 물을 강으로 밀고 들어왔을 때만 함부르크 항구까지 110킬로미터에 달하는 거리를 통과할 수 있었다. 엘베 강 하류에는 썰물 때 수심이 겨우 13미터인 곳도 있기 때문에 이 시기에 배가 들어온다면 그대로 바닥에 부딪히게 될 것이다.

선장이 두려워하는 또 한 가지 소식은 월드 스타가 정박하기로 한 자리가 아직도 비어 있지 않았다는 것이다. 앞으로 얼마나 더 기다려야 할까? 두 시간, 세 시간… 아니 다섯 시간? 이런 문제는 날이 갈수록 점점 더 빈번하게 발생했다. 다른 배들의 작업이 너무 느렸기 때문에 월드 스타처럼 제 시간에 들어오는 배가 있어도 아무 소용이 없었다. 선장의 해운 회사와 동료들은 그 모든 것이 항구 측의 잘못이고, 그들의 작업 속도가 너무 느리기 때문이라고 주장했다.

그러나 노이볼트 선장은 경험이 많은 노련한 뱃사람이었다. 그래서 모든 책임이 완전히 잘못된 시스템 때문이라는 것을 알고 있었다. 해운 회사들은 점점 더 규모가 큰 배를 만들게 했다. 작년에 첫 출항한 월드 스타는 컨테이너 8400대를 실을 수 있는 세계 최대 컨테이너선들 중 하나였다. 그래서 함부르크처럼 진입로가 좁은 항구에 들어가기에는 몸집이 너무 큰 배였다. 그런데 해운 회사들은 월드 스타보다 더 큰 배들을 계속 주문했고, 그 배들은 컨테이너를 10000대에서 11000대까지 실을 수 있는 규모였다. 그렇게 하면 더 많은 돈을 벌 수 있으리라는 계산 때문이었다. 다시 말하면 한 번에 실을 수 있는 컨테이너 수를 늘려 운송비를 줄이는 대신에 가격 경쟁에서는 더 싼 값을 제시할 수 있다는 것이다. 이런 식으로 큰 배에서 얻을 수 있는 이익은 더 많아졌다.

"어디까지 날아가려나?"

선장이 엘베 강 위를 날아가는 두루미 떼를 바라보면서 중얼거렸다.

행운의 마스코트가 된 빨간색 인조 양털 조끼

2005년 10월 18일. 함부르크 알텐베르더 컨테이너 항구. 거대한 크레인이 우리의 인조 양털 조끼가 들어 있는 빨간색 컨테이너를 번쩍 들어 올려 옆에 늘어서 있는 다른 컨테이너들을 지나 하역장으로 이동시켰다.

유럽에서 세 번째로 큰 항구에 하역된 방글라데시에서 온 컨테이너는 12시간 후 대형 화물차 한 대로 옮겨졌다. 화물차는 하역장을 떠날 때 세관을 통과해야 한다. 그곳에는 월드 스타가 항구에 정박하기도 전에 인터넷으로 전송한 컨테이너 자료가 이미 도착해 있었다. 화물의 운송장에는 컨테이너에 실린 내용물에 대한 정확한 정보가 기록되어 있었다.

세관에서는 거기에 기록된 내용이 정확한지를 표본 검사를 통해서만 확인할 수 있다. 그렇지 않고 일일이 확인을 하다가는 세계 무역 전체가 무한정 지연될 것이기 때문이다. 세관원들은 자신들의 오랜 경험에 의지했다.

또한 세관에는 모든 컨테이너를 열고 안으로 들어가 일일이 검사하지 않아도 내용물을 바로 확인할 수 있는 최신 설비가 갖춰져 있었다. 컨테이너를 아주 크고 강력한 엑스선 장비로 비추는 것이다. 그러면 컴퓨터의 모니터에는 개별 물품들의 윤곽을 보여주는 컬러 그림이 나타났다. 엑스선이 각각의 대상들을 제대로 비추었는지의 여부는 겉으로 드러나는 색으로 알 수 있다.

세관원들은 어떤 물품이 어떤 색과 형태로 나타나는지 정확히 알고 있다. 컨테이너에 정말로 인조 양털 제품들이 담긴 마분지 상자만 들어 있을까? 그 안에 다른 형태와 색깔을 띤 물건들은 정말 없을까? 색깔이 다르다는 것은 뭔가 다른 물건이 들어 있다는 표시였다. 세관원들은 그런 방식으로 마약 등의 밀수품과 심지어는 컨테이너에 몰래 숨어든 사람들까지 찾아냈다.

이밖에도 세관은 수입 제한 조치가 제대로 지켜지고 있는지도 감시해야 한다. 2005년 1월 세계 섬유 및 의류 협정에 의한 섬유 수입 할당제가 폐지되자 유럽 시장은 중국에서 만든 티셔츠와 양말, 스웨터로 범람했다. 그러자 유럽 연합은 중국산 섬유 제품의 최대 수입량을 정했다. 세관에서는 이러한 수입 제한 조치를 감독해야 했다.

게다가 몇 년 전부터는 갖가지 위조품과 해적품들까지 들어오고 있었다. 중국은 처음에 주로 값싼 제품들을 생산했지만 지금은 소위 짝퉁이라고 하는 가짜 명품들을 대량으로 만들고 있다. 가령 아디다스나 나이키 운동화의 경우도 아주 세세한 부분까지 정교하게 모방해서 만들어지는 실정이다. 그러니 상표를 소유한 원래의 회사가 그것을 좋아할 리가 없었다. 그러나 중국 정부가 두 눈을 감고 있는 한 거기에 대항할 뾰족한 방법은 없다. 그래서 유럽과 미국의 세관에서는 그런 모조품들을 압수해 폐기하고 있다.

그러나 우리의 컨테이너에서는 특이한 점이 발견되지 않았고, 세관원들은 화물차를 그대로 통과시켰다. 화물차는 출입문을 지나 바로 A7 고속도로로 진입해 A1로 갈아탔다. 운전사는 교통이 혼잡한 출근 시간에 함부르크 시내로 들어가지 않아서 다행이라고 생각했다.

2005년 10월 19일. 귄터스로 근처에 자리 잡은 W백화점의 물류 센터. 어제 저녁 화물차가 싣고 온 컨테이너가 물류 센터의 화물 창고에 세워져 있다. 오전 8시가 되자 일꾼 두 명이 컨테이너에서 짐을 내리기 시작했다. 그들은 7시간 동안 부지런히 오가며 짐을 나

무한 경쟁 – 세계 섬유 및 의류 협정의 폐지

세계 섬유 및 의류 협정은 1974년에 선진국들에 의해 체결되었다. 선진국들은 자국의 섬유 회사들을 보호하기 위해서 임금이 낮은 나라에서 만든 섬유류 수입을 일정한 양으로 제한하기로 결정했다. 그러면서 방글라데시처럼 세계에서 가장 가난한 나라에 속하는 나라들은 이러한 제한 조치에서 제외시켰다.

그러나 제한 조치를 받는 국가들은 거기에 강력하게 반발하고 나섰다. 그러자 자신들이 생산하는 기계와 비행기, 값비싼 소비재를 아시아로 수출해야 하는 선진국들은 1995년에 그 결정을 다시 철회했다.

2004년 말 섬유 수입 할당제가 완전히 폐지되자 유럽과 미국 시장은 즉시 중국산 티셔츠와 바지, 운동화 등으로 범람하기 시작했다. 동시에 방글라데시의 섬유 수출량은 25퍼센트가 감소했다.

독일의 시민 단체인 '공정한 옷 입기 행동 연대'는 자신들이 운영하는 인터넷 사이트 www.sauberekleidung.de에서 섬유 제품이 헐값에 생산되는 곳에 대한 정보를 알려주고 있다.

중국의 광둥성의 한 공장에서 노동자들이 청바지를 만들고 있다. 2005년 동안 미국과 유럽으로 수출된 중국의 의류는 100%나 증가했다.

무판에 차곡차곡 올린 뒤 바퀴가 달린 통에 옮겨 실었다.

구매 부서에서 나온 직원 하나가 긴 목록을 들고 나타났다. 그는 여기저기 돌아다니면서 상품 목록을 일일이 대조하고 확인하더니 다시 사라졌다. 물류 센터의 화물 창고에서는 각 상품에 가격표를 붙이는 작업도 진행되었다. 인조 양털 조끼는 9.95유로짜리 가격표가 붙여진 뒤 높이가 낮은 바구니 카트로 옮겨졌다.

이제 에르나와 브리기테가 방글라데시에서 온 옷들을 백화점의 각 지점으로 보내기 위한 분류 작업을 시작했다. 두 여성은 부지런히 손을 놀리면서 빠듯한 살림살이를 화제로 수다를 떨었고, 돈은 왜 항상 부족한지 하소연을 늘어놓았다. 브리기테가 말했다.

"얼마나 많이 번다고 돈이 남아돌겠어요? 나는 1시간에 6유로를 받으니까 월급으로 따지면 대충 1000유로 정도예요. 그런데 거기서 근로 소득세와 의료 보험, 연금을 제하면 750유로밖에 안 남아요. 거기다가 매달 들어가는 방세와 전기 요금, 가스비를 빼면 한 달에 겨우 350유로로 생활해야 한다고요."

"나라고 뭐 사정이 다르겠어! 나는 여기서 15년이나 일했는데 세금과 보험 모두 포함해서 한 달에 겨우 1500유로를 받아. 그런데 그 돈으로 세 식구를 먹여 살려야 한다고. 그나마 위로가 되는 말 한마디 해줄까? 우리는 그래도 미용실에서 일하는 내 친구보다는 많이 받는

편이야. 친구 파비네는 숙련된 미용사인데도 한 달에 겨우 684유로를 받는다지 뭐야. 그나마 손님들이 주는 팁도 없으면 생활이 무척 쪼들린대."

그 사이 빨간색 인조 양털 조끼만 빼고 나머지 물건들은 각 지점 별로 모두 나누어졌다.

"에르나, 남성용 조끼 중에서 빨간색도 주문했었나요?"

브리기테가 작업반장에게 물었다.

"빨간색 인조 양털 조끼라고? 남자들이 그런 색을 입기나 하겠어?"

두 사람은 큰 소리로 웃었다.

"그럼 이의를 제기하고 반품 처리할까요?"

"그럴 필요까지 있겠어? 이렇게 하자고. 하나는 다름슈타트, 하나는 도르트문트, 나머지 두 개는 하노버 백화점으로 보내는 거야. 자, 이것으로 다 해결됐지?"

2005년 10월 24일. 하노버 남부에 위치한 W백화점. 인조 양털 조끼에 대한 반응은 아주 좋았다. 전날 백화점 소유의 화물차가 새 상품들을 실어 왔다. 오늘 아침 한 점원이 인조 양털 조끼를 특별 신상품으로 정해 행사용 옷걸이에 걸은 뒤 백화점 입구 쪽에 세워 두었다. 그러자 30분도 지나지 않아 첫 번째 조끼가 팔렸다.

중간 치수와 큰 치수의 갈색 조끼가 가장 먼저 매진되었고, 베이지색이 그 뒤를 이었다. 마지막엔 파란색 중간 치수까지 모두 다 팔렸다.

나는 작업실에서 입을 따뜻하고 저렴한 옷을 사기 위해 초저녁에 백화점으로 들어섰다. 간혹 사람들이 내게 직업이 뭐냐고 묻는다. 그러면 나는 프리랜서 저널리스트이자 저술가라고 대답한다. 퍽 그럴 듯하게 들리는 직업이지만 보통 프리랜서 저술가들은 그렇게 잘사는 축에 속하지 못한다. 그러니 저렴한 가격의 인조 양털 조끼가 바로 눈에 들어온 것이 그렇게 이상한 일은 아니다. 그런데 나한테 맞는 치수는 모두 팔리고 없었다. 싼 물건에 눈독을 들이는 사람들이 나보다 더 빨랐던 것이다.

나는 중간 치수의 빨간색 조끼를 보자마자 바로 옆으로 치워 두었다. 그리고는 다음에 백화점에 다시 오더라도 빨간색 조끼를 사는 일은 없을 거라고 생각했다.

2005년 11월 14일. 2주간의 특별 판매 기간이 끝나고 남아 있는 인조 양털 조끼 수량은 얼마 되지 않았다. 아주 큰 치수의 파란색, 베이지색 조끼 몇 개와 중간 치수와 큰 치수의 빨간색 조끼만 남아 있었다.

이날 아침 백화점 지점장은 매장을 둘러보았다. 겨울 외투는 가장 잘 팔리는 상품이라서 아주 큰 치수만 몇 개 남아 있었다. 마지막까지 남은 인조 양털 조끼가 그의 눈에 들어왔다.

"실망스럽군. 주문이 잘못된 거 아냐? 누가 저런 색을 주문했을까?"

지점장은 혼자 중얼거리다가 판매원에게 다가갔다.

"마지막 인조 양털 조끼는 값을 내려서 팝시다. 8유로가 좋겠군."

나는 그날 백화점 전단지에 실린 특별 할인가를 보았고, 다음날 오전에 조용히 빨간색 조끼를 사 왔다.

2006년 1월 12일. 나는 아침 식사를 마친 뒤 지극히 당연하게 빨간색 조끼를 걸치고 작업실로 들어갔다.

연말까지 완성해서 출판사로 보내기로 했던 책이 아직 끝나지 않은 상태였다. 출판사에서 수정을 원하는 대목들을 다시 손봐야 했던 것이다.

나는 원고의 내용을 훑어보면서 왼손으로 새 조끼를 매만졌다. 조끼가 무척 마음에 들었다. 빨간색 조끼를 입은 내 모습이 어떻게 보일지는 상관이 없었다. 작업실에는 거울도 없으니 아무래도 괜찮았다. 다만 화장실에 가거나 거실 책장에 있는 책을 꺼내러 갔다가 여자 친구와 마주칠 때면 어쩔 수 없이 그녀의 잔소리를 들어야 했다. 아직 빨간색 조끼에 적응이 되지 않아서 그럴 텐데, 한 2~3주 정도 지나면 익숙해질 것이다.

2006년 6월 24일. 올여름 독일은 전 세계에서 오는 수많은 손님들을 맞이했다. 월드컵 경기가 독일에서 열리게 된 것이다. 아프리카와 남아메리카에서 온 축구 팬들은 모든 곳이 너무 깨끗하다는 것에 놀랐고, 기차와 버스가 정각에 출발한다는 사실에도 깜짝 놀랐다. 모두들 평화롭게 월드컵 축제를 함께 즐겼고, 모든 경기는 전체적으로 공정하게 진행되었다. 4년에 한 번 열리는 이 큰 축제가 내게는 해결하기 힘든 어려운 과제나 다름없었다. 원고를 새로 시작해서 부지런히 써야 할 상황이었지만 동시에 가능한 한 많은 경기를 보고 싶었기 때문이다.

그사이 빨간색 조끼는 작업실 의자의 등받이에 걸려 있었다. 나는 월드컵 기간에는 다른 행운의 마스코트를 입고 있었다. 분데스리가 보루시아 도르트문트 팀의 노란색과 검정색이 들어간 유니폼인데, 청소년기에 선물로 받은 것이었다.

독일과 스웨덴의 경기가 있던 날, 나는 컴퓨터 옆에 아예 작은 흑백 텔레비전을 갖다 놓았다. 그런데 작은 흑백 화면으로는 축구공이 잘 보이지 않았다. 그것 때문에 독일과 이탈리아의 준결승전을 보는 동안 불행한 일이 일어났다.

나는 컴퓨터 앞에 앉아 일을 하면서도 작은 텔레비전으로 중계되는 축구 시합에서 눈을 떼지 않으려 했다. 그때 일이 생긴 것이다. 독일이 공격을 하고 있었는데 공을 잡은 선수가 누군지 제대로 보이지가 않았다. 공격수가 슛을 날렸다. 나는 골인이라고 생각해 벌떡 일어나면서 두 팔을 높이 들었고, 그 바람에 전날 저녁에 마시다가 바로 뒤 책장에 세워 두었던 붉은 포도주병을 엎지르고 말았다. 병에 남아 있던 포도주가 의자 등받이에 걸려 있던 양털 조끼로 흘러내렸고, 독일은 골을 넣지 못했다.

121

조끼에 묻은 커다란 얼룩은 그렇게 생긴 것이었다. 나는 얼룩을 지우려고 여러 가지 방법을 사용했지만 끝내 성공하지 못했다. 그래서 우선은 조끼를 옷장에 넣어 두었다.

2006년 9월 28일. 지난 몇 주 동안은 마음먹은 대로 원고가 진척되지 않았고, 이런저런 일이 생길 때마다 거기에 신경을 쓰느라고 작업을 중단해야만 했다. 일이 왜 이렇게 제대로 진행되지 않는 걸까? 이게 벌써 언제부터였지? 마지막 질문에는 정확한 대답을 할 수 있었다. 빨간색 인조 양털 조끼를 치워 버린 바로 그날부터였다. 나는 미신을 믿지는 않았지만 그럼에도 불구하고 오늘 아침에 옷장

에 넣어 둔 조끼를 다시 꺼내 왔다. 어쨌든 시도를 해 본다고 손해 볼 일은 아니었으니 말이다. 그런데 그때부터 작업은 훨씬 수월하게 진척되었고, 저녁까지 상당한 분량을 끝낼 수 있었다. 게다가 세계화에 관한 책을 써 보자는 새로운 구상까지 떠올랐다. 어른들이 아니라 아이들과 청소년을 위한 내용으로. 이 모든 것을 빨간색 조끼 덕분이라고 생각한다면 지나친 상상일지도 모른다. 하지만 꽤 효과가 있는 상상이었다.

2007년 4월 15일. 컴퓨터에서 메일을 확인하니 출판사에서 세계화에 관한 책을 출간하고 싶다는 연락이 와 있었다.

나는 종이를 꺼내 가장 먼저 떠오르는 물음을 적어 보았다. 세계화는 구체적으로 무엇을 뜻할까? 우리가 세계화를 생각할 때 가장 먼저 떠올리는 것이 무엇인지는 분명했다. 많은 일자리가 임금이 더 싼 곳으로 옮겨 간다는 사실이다. 처음에는 동유럽으로, 그 다음엔 먼 아시아로 일자리의 이동이 성황을 이루었다. 세계 무역도 이득의 공평한 분배가 아니라 점점 더 빈번한 왕래와 나날이 심각해지는 환경오염을 야기했다.

그러나 이러한 단점들에도 불구하고 세계화에는 여러 가지 장점도 있다. 세계화는 새로운 일자리를 많이 창출했는데, 특히 지금까지 산업이 낙후되었던 지역에서 새로운 일자리 창출이 더욱 활발하게 진행되었다.

동시에 소비자인 우리들도 세계화의 장점을 누린다. 전 세계적인 경쟁으로 많은 제품들을 점점 더 싸게 구입할 수 있게 된 것이다. 새로운 아이디어와 돈, 상품, 사람들이 쉴 새 없이 전 세계를 돌고 돈다. 그래서 그중에서 무엇이 중요하고 무엇이 중요하지 않은지를 판단하는 것이 무척 어렵다.

2007년 5월 16일. 내 작업 시간은 매일 똑같은 의식으로 시작되었다. 나는 아침 식사를 준비하면서 전날 작업한 원고를 식탁 위에 올려놓고는 빨간색 조끼를 입었다. 그러면 아침을 먹는 동안 원고의 다음 부분이 자연스럽게 떠올랐다.

세계화 이야기에 대한 준비 작업도 순조롭게 진행되었다. 작년에 열린 월드컵 대회에서 독일은 우승컵을 차지하지 못했다. 그러나 기계 제작뿐 아니라 일반에는 잘 알려지지 않은 다양한 분야에서 독일이 세계 제일이라는 사실을 새롭게 알게 되었다. 가령 중국과 방글라데시에서 생산되는 의류 제품에 달려 있는 단추들은 모두 어디서 만들어졌을까? 그것은 대부분 독일의 빌레펠트라는 도시에서 만들어졌다. 단추 회사인 '우니온 크노프 그룹'은 이 분야에서 세계 시장을

 # 독일 - 세계화의 승자인가 패자인가?

독일은 세계화의 승자인 동시에 패자이기도 하다. 그 이유는 무엇일까?
실제로 독일에서는 지난 25년간 수많은 일자리가 없어졌다. 석탄 산업과 철강 산업이 대표적이며, 제조업에서도 마찬가지였다. 가령 전자제품을 생산하는 공장이나 옷감과 옷을 만드는 공장들이 제조업에 속하는 곳이다.
일자리가 없어지면서 기업들은 강력한 조치를 취해야 했다. 국제적인 가격 경쟁을 이유로 노동력을 감축했고, 임금을 동결하거나 삭감했다.
근래에 들어 일자리의 이동은 전반적으로 중단되었고, 독일은 다시 매력적인 일터가 되었다. 독일에서는 무엇보다 안정적으로 일을 할 수 있기 때문이다.
원칙적으로 독일인들은 부자라고 할 수 있다. 독일의 국민총생산(GNP)은 5조 4000억 유로인데, 이는 모든 재산을 똑같이 분배했다고 가정했을 때 1인당 81000유로에 해당하는 액수이다.
그러나 실제로는 상위 10퍼센트가 국민총생산 중에서 60퍼센트를 소유하고 있고, 40퍼센트의 국민이 나머지 40퍼센트를 가지고 있다. 나머지 50퍼센트의 국민은 재산이 전혀 없거나 빚을 지고 있다.
재산이 있는 사람은 투자를 하거나 자본의 세계화에 참여할 수 있다. 가령 기업의 주식을 사거나 특정한 사업 계획(풍력 발전기나 컨테이너선)에 투자해 배당을 받을 수 있다. 그러나 돈이 없는 사람은 점점 얄팍해지는 월급봉투로 근근이 먹고 살아야 한다. 세계화는 우리 사회의 빈부 격차를 점점 더 크게 벌려 놓았다.
어떤 경우는 한 개인이 세계화의 승자이면서 동시에 패자가 되기도 한다. 남에게 고용되어 일하는 노동자들은 점점 더 많은 일을 해야 하면서도 돈은 그만큼 더 받지 못한다. 반면에 돈을 투자한 투자자들은 세계화 덕분에 이득을 얻는 계층에 속한다.

선도하는 곳이다.

그래서 경제학자 헤르만 지몬은 이 기업을 '히든 챔피언', 즉 숨은 강자라고 불렀다. 숨은 강자들은 두 가지 측면에서 숨어 있다고 할 수 있다. 먼저 이들은 국제적으로 널리 알려진 대기업이 아니라 주로 전체 직원 수가 겨우 몇 백 명에 불과한 중소기업들이다. 그래서 이런 기업들이 신문이나 방송에 등장하는 경우는 매우 드물다.

두 번째로 이 기업들은 대부분 우리가 일반적으로 특별한 관심을 보이지 않는 분야에서 활동한다. 가령 담배 마는 기계를 가장 많이 만드는 곳은? 함부르크에 있는 쾨르버 주식회사이다. 함부르크 컨테이너 항구에서 볼 수 있는 대형 크레인의 80퍼센트를 생산하는 곳은? 라이프치히에 있는 키로프라는 전문 업체이다. 우리가 공항이나 대형 할인점에서 밀고 다니는 카트를 공급하는 회사는? 라이프하임에 있는 반즐이라는 회사이다. 또한 대형 풍력 발전기 대부분이 아우리히에 있는 에네르콘이라는 회사에서 만들어진다. 경제학자 헤르만 지몬은 지금까지 1316곳의 숨은 강자들을 밝혀냈고, 거의 매일 새로운 회사를 찾아내고 있다.

2007년 7월 23일. 지난 6월부터 빨간색 인조 양털 조끼를 입기에는 날이 너무 더워졌다. 그래도 조끼는 언제나 의자의 등받이에 걸려 있었다. 나는 늘 그 의자에 앉아 세계화 이야기를 위한 자료를 조사했다.

보통 세계화는 자신의 얼굴을 분명하게 드러내지 않는다. 서서히 진행되는 과정이기 때문이다. 그러나 올여름에는 상황이 갑자기 돌변했다. 독일의 하일리겐담에서 소위 G8 정상 회담이 열렸다. 전 세계 주요 8개국 정상들이 모여서 자신들의 정치적, 경제적 관심사를 논의하기 위해 모인 자리였다. 이들 8개국은 특히 세계화를 선두에서 이끌어 가던 국가들이었다.

그러나 이번 정상 회담에서 선진국들은 서로 모순되는 주장을 제기했다. 그것은 세계무역기구인 WTO(World Trade Organization)의 판단에도 마찬가지였다. 세계무역기구는 원래 전 세계 125개국 연합에 의해 세계화의 중립적인 심판관 역할을 할 기구로 창설되어 1995년 1월 1일에 출범했다. 그런데 이 심판관은 부유한 선진국들이 이중 게임을 하고 있다는 사실을 확인해야 했다. 선진국들은 한편으로는 모든 힘을 동원해 가난한 나라들의 무역 제한을 철폐하려 들었고, 다른 한편으로는 자기 나라의 이익을 지키기 위해서 그러한 보호막을 치려고 나섰다.

가령 미국은 계속해서 자기 나라의 생산자들을 강력하게 후원해 왔다. 목화 농장을 그 한 가지 예로 꼽을 수 있다. 정부의 강력한 후

원을 등에 업은 미국의 목화 농장들은 아프리카나 아시아의 농장들보다 훨씬 싼 값에 목화를 세계 시장에 공급할 수 있었다. 그와 동시에 미국은 아프리카와 아시아에서 수입하는 제품에 높은 관세를 부과해서 자기 나라에서 생산하는 제품보다 값을 비싸게 만들었다. 유럽 연합도 농부나 어부를 비롯해 자국의 많은 생산자들을 경제적으로 후원하기는 마찬가지였다.

2007년 9월 2일. 빨간색 인조 양털 조끼를 손에 닿는 곳에 걸어 두는 유별난 버릇은 그에 따른 당연한 결과를 불러왔다. 구입한지 겨우 1년 6개월밖에 지나지 않았는데 조끼가 무척 낡아 보였고, 붉은 포도주 얼룩 외에도 여기저기 보기 흉한 자국들이 더 생긴 것이다. 나한테는 그런 것들이 아무래도 상관이 없었지만 여자 친구는 아니었다. 특히 직장에서 잔뜩 스트레스를 받고 돌아온 날이면 그녀는 인사 대신 똑같은 불평을 늘어놓았다.

"도대체 몇 번을 말해야 알아들어요? 그 구질구질한 조끼는 더 이상 보고 싶지 않다고 했잖아요!"

"그건 왜?"

"몇 번이나 빨아도 얼룩이 빠지질 않으니 그렇죠!"

"얼룩 좀 있는 게 어때서? 난 괜찮기만 한데."

"그냥 새 것으로 하나 사도록 해요. 그런 조끼가 요즘 얼마나 한다고 그래요?"

맞는 말이다. 우리는 요즘 우리가 사용하던 물건들과 점점 더 빨리 헤어진다. 가령 여러 가지 생활용품이 고장이 나도 고쳐서 사용하기보다는 차라리 버리는 쪽을 선택한다. 거기에 들어가는 비용이 새 제품을 구입하는 가격과 거의 맞먹기 때문이다. 휴대 전화와 컴퓨터는 2년만 지나도 벌써 최신 기술에서 멀어진다. 그럼 얼룩이 묻었거나 너무 작아진 옷은 어떨까? 요즘 집에서 바느질을 해서 옷을 고쳐 입는 사람은 아마 없을 것이다. 게다가 옷감을 덧대서 바느질한 옷은 폼이 나지도 않는다. 세계화 덕분에 옷값이 점점 싸지기 때문에 사람들은 차라리 새것으로 장만하는 길을 택한다.

하지만 나는 내 행운의 마스코트와 헤어지고 싶지 않았다.

2007년 11월 9일. 하루 일정으로 여행을 갔다가 저녁 무렵에 집으로 돌아왔다. 나는 평상시처럼 컴퓨터 앞에 앉으면서 조끼를 입으려 했다. 그런데 의자 등받이에 걸쳐 놓은 조끼가 보이지 않았다. 혹시 부엌에다 두고 왔나? 그러나 조끼는 부엌에 없었다. 아니면 거실에 두었나? 거기에도 없었다. 욕실에도 없었다. 아무리 찾아보아도 조끼는 없었다. 나는 서서히 불안감에 휩싸이기 시작했다.

"당신, 내 조끼 어디 있는지 봤어?"

"또 그 조끼 타령이군요. 아무리 해도 얼룩이 빠지지 않아서 헌옷 수거함에 내다 버렸어요. 마침 다른 것도 정리할 게 있길래……."

"조끼를 내다 버렸다고?"

"네. 지난번에 새것으로 하나 구입하자고 서로 합의한 거 아니었어요?"

서로 합의했다고? 아니, 나는 그렇게 한 적이 없었다. 그것은 단지 그녀의 생각이었다.

"혹시 버리더라도 한쪽 귀퉁이를 조금 잘라 내서 부적처럼 간직할 생각이었지."

"그러면 필요한 사람이 있어도 입지 못할 거 아니에요? 구멍이 생긴 옷을 누가 입겠어요?"

나는 그녀와 말다툼할 시간이 없었다.

"몰트케 광장에 있는 수거함에다 버렸겠지?"

"그건 왜요? 당신 설마……."

나는 총알같이 밖으로 뛰어나와 자전거를 타고 헌옷 수거함이 있는 곳으로 달렸다. 수거함은 큼지막한 갈색통이었는데, 그 위에는 한 구호 단체의 상징이 선명하게 새겨져 있었다. 어쩌면 여자 친구가 집어넣은 비닐 봉투를 꺼낼 수 있을지도 모른다. 그러나 수거함 앞에는 화물차 한 대가 세워져 있었고, 남자 세 명이 옷이 담긴 비닐 봉투를 꺼내서 화물차에 차곡차곡 쌓고 있었다. 그들은 구호 단체에 소속된 사람들은 아니었다.

그때 갑자기 최근에 한 신문에서 읽은 기사가 생각났다. 구호 단체들이 헌옷 수거함을 직접 설치하거나 수거하지 않는다는 내용을 다룬 기사였다. 그들은 중고 옷을 전문적으로 취급하는 회사에 수거함을 빌려 준다고 했다. 나는 남자들에게 어느 회사에서 일하는지 물었다. 그러자 한 남자가 화를 내면서 소리쳤다.

"그게 당신하고 무슨 상관이오?"

"아, 실례했습니다!"

나는 그렇게 대답하고는 자전거가 있는 곳으로 돌아와 그 사람들을 계속 지켜보았다. 그렇게 쉽사리 물러설 내가 아니었다.

많은 사람들은 자신이 입었던 옷이 헌옷 수거함으로 들어가 좋은 목적에 쓰일 거라고 생각한다. 그러나 과연 정말 그럴까? 수거함에 새겨진 구호 단체는 한 달에 얼마간 돈을 받고 이름을 빌려 줄 뿐이다. 구호 단체의 역할은 그것으로 끝이고, 수거함에 모인 옷들과는 아무런 상관이 없다. 그렇다면 우리의 헌옷들을 가지고 장사를 하는 사람들은 대체 어떤 사람들일까? 이 문제는 내 궁금증을 유발했다. 나는 저 사람들의 화물차를 추적해야 하나 어쩌나 잠시 망설였다.

그러나 자전거를 타고 화물차를 따라갈 수는 없었다. 그래서 어쩔 수 없이 집으로 돌아가 의류 재활용 회사들을 수소문하기로 했다. 전화번호부를 뒤적여 보면 쉽게 찾을 수 있을 것이다. 나는 약간의 시간을 투자해서 결국 해당 회사를 찾아냈다.

의류 재활용 회사는 변두리에 위치한 공장 지대에 있었다. 쇠창살로 된 출입문 뒤로 화물차와 컨테이너가 세워져 있는 넓은 마당이 있었다. 나는 자전거에서 내려 출입문 근처에 있던 한 일꾼에게 다가가 사장을 만나고 싶다고 말했다.

하이너 슐츠 사장이 내게 오더니 무슨 일로 찾아왔냐고 물었다. 나는 여기까지 찾아온 용건을 간단하게 설명했다. 그러자 사장이 말했다.

"미안합니다. 하지만 안으로 들어오는 것은 허락할 수 없습니다. 제가 지금 당신을 들어오게 한다면 앞으로 몇 주 안에 여기서 무슨 일이 벌어질지 상상할 수 있겠습니까?"

나는 어쩔 수 없이 마지막 수단을 사용했다. 기자증을 제시하고는 의류 재활용에 대한 기사를 쓰고 싶다고 말했다. 하이너 슐츠 사장은 아주 친절한 사람이었다. 그는 자신의 회사와 의류 재활용 과정에서 하는 일을 매우 솔직하게 설명해 주었다.

우리는 마당을 지나 넓은 공장 안으로 들어갔다. 그곳은 옷과 침구, 각종 천을 둘둘 말아 놓은 커다란 뭉치로 가득 차 있었다. 구호 단체의 흔적은 어디서도 찾을 수 없었다.

"처음엔 당신이 일자리를 구하러 온 사람인 줄 알았습니다. 우리 회사에서 지금 사람을 뽑고 있으니까요. 아프리카로 보낼 컨테이너 두 대와 러시아로 보낼 컨테이너 한 대를 빨리 처리해야 하거든요."

"이런, 미안합니다. 하지만 신문사에서 제 기사를 마음에 들어 하지 않는다면 사장님의 제안을 한번 생각해 보겠습니다."

의류 재활용 사업은 전문적으로 진행되었다. 수거해 온 옷들을 한 자리에 가져와 모두 풀어 놓으면 넓은 홀에서 분류 작업이 이루어졌다. 여기서 일하는 직원들만 해도 40명이 넘었다. 직원들 앞에는 아직 분류하지 않은 옷이 산더미처럼 쌓여 있었다. 이들은 아침부터 저녁까지 옷을 펼쳐서 상태를 확인한 뒤 주변에 마련되어 있는 바구니에 집어던지는 일을 했다.

헌옷의 품질 상태는 세 단계로 나누어졌다. 먼저 새 옷이나 다름없이 보존 상태가 뛰어난 옷들은 깨끗하게 세탁해서 현지의 중고품 상점에 팔았다. 제법 입을 만한 상태의 옷들도 세탁해서 전 세계 도매상들에게 팔았다. 다시 입을 수 없는 옷들은 종이 생산에 필요한 원료로 사용되었다.

이렇게 분류하는 옷들 중에서도 특정한 지역에 적합한 옷들이 따로 있다. 아프리카로 보내는 옷들은 주로 셔츠와 티셔츠, 바지, 아동용 옷, 집 안에서 입는 가벼운 옷가지들이었다. 반면에 동유럽으로 보내는 옷들은 외투와 스웨터, 두툼한 바지 등 따뜻한 옷들이었다.

"당신한테는 제법 짭짤한 사업 아닙니까?"

나는 슐츠 사장이 자연스럽게 이야기를 털어놓을 수 있도록 넌지시 질문을 던졌다.

"대부분 사람들이 그렇게 생각하죠. 구호 단체에 보내는 임대료 외에는 옷을 공짜로 얻는 것이나 다름없으니 상당히 괜찮은 사업일 거라고 말입니다. 사실 오래전에는 맞는 말이었습니다. 하지만 지금은 분류한 옷들의 절반 이상을 외국으로 수출해야 그나마 사업을 유지할 수 있는 형편입니다."

"왜 그런지 영문을 모르겠군요."

"경쟁 업체도 많아졌고 인건비도 아주 높기 때문입니다. 헌옷 수거함을 정기적으로 비워야 하고, 수많은 옷들도 일일이 사람 손으로 분류해야 합니다. 그것은 기계가 할 수 없으니 말입니다."

나는 슐츠 사장과의 이야기에 흠뻑 빠져서 옷을 분류하는 사람들에게는 미처 신경을 쓰지 못했다. 그래서 왼쪽 끝에 자리 잡은 한 여자가 내 빨간색 조끼를 옷 더미에서 꺼내는 순간을 놓치고 말았다. 그녀는 옷을 자세히 관찰하려다가 우리 두 사람의 이야기에 끌려 잠시 한눈을 팔았다.

"… 그것은 유럽에 있는 의류 재활용 업체들에는 너무 비쌉니다."

"그러면 그들은 어떤 식으로 일을 처리하나요?"

"수거한 옷 전체를 분류하지 않은 채 컨테이너에 실어 두바이로 보냅니다. 그곳에는 인도, 파키스탄, 인도네시아, 아프리카 등에서 온 외국인 노동자들이 있는데, 그들은 한 달에 겨우 300달러만 받고 일을 하니까요."

"그런 식으로 비용을 아낄 수 있습니까?"

"물론입니다. 보통 유럽에서 지불해야 하는 평균 임금의 5분의 1도 안 되는 수준이니까요."

옆에서 옷을 분류하던 여자는 우리들의 이야기에 귀를 기울이다가 조끼에 묻은 얼룩을 보지 못했다. 그래서 빨간색 인조 양털 조끼는 다채로운 옷가지로 분류되어 아프리카로 보내는 바구니에 담기게 되었다.

두 시간 뒤 나는 집으로 향했고, 내 빨간색 조끼는 막 50여 벌의 다른 옷과 함께 커다란 압축기로 들어갔다. 압축기는 안에 들어 있는 옷들을 커다란 덩어리로 한데 뭉쳐 그것을 플라스틱 봉투에 담은 뒤 강한 끈으로 묶었다. 공장 직원들은 덩치는 작지만 무거운 덩어리를 수레에 넣어 컨테이너들이 있는 마당으로 밀고 갔다. 그들은 이틀 동안 헌옷을 분류해 작은 덩어리로 압축시켜 한데 묶었고, 아프리카로 보낼 컨테이너가 마침내 가득 채워졌다.

  11월 10일 오전에 화물차 한 대가 공장 마당으로 들어왔다. 지게차가 컨테이너를 들어 화물차에 싣자 화물차는 곧 출발했다. 목적지로 가는 동안 인조 양털 조끼가 창문가에 있었다면 이렇게 소리쳤을 것이다. 헤이, 이 길은 나도 알고 있어!

  화물차는 북쪽으로 향하는 고속도로를 달려 함부르크 컨테이너 항구로 가고 있었다.

물고기 도둑과 불법 밀입국

— 서아프리카에 도착한 인조 양털 조끼

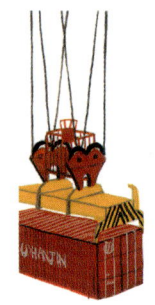

2007년 11월 13일. 함부르크 컨테이너 항구. 화물 터미널의 크레인 운전사가 헌옷을 담은 컨테이너를 들어 올렸다. 컨테이너는 4일째 이곳에 보관되어 있었는데, 대부분의 다른 컨테이너들보다 머물러 있는 시간이 훨씬 길었다. 그사이 몇몇 대형 컨테이너 화물들은 선착장에 정박해 있다가 모두 아시아나 아메리카로 향하는 화물선에 실려 출항했다. 그러나 서아프리카로 출항하는 배는 일주일에 두 척뿐이었다.

이제 우리의 헌옷 컨테이너도 정기적으로 승객과 화물을 싣고 서아프리카로 운항하는 하노버 호의 화물칸 속으로 사라졌다. 그 전에 크레인 운전사가 배에서 컨테이너 몇 대를 내렸다. 그는 이번에도 아시아로 가는 화물과의 차이를 분명하게 느낄 수 있었다. 아시아로 향하는 배에는 화물을 가득 채운 컨테이너보다는 빈 컨테이너들이 많았다. 반면에 아프리카 행은 정반대였다. 떠날 때는 가득 찼던 컨테이너들이 돌아올 때는 대부분 텅 빈 상태였다. 이는 아프리카가 약간의 석유와 원료 매장량을 제외하고는 현재의 세계화된 세계 경제에서 별다른 역할을 하지 못한다는 것을 보여 주는 표시였다.

늦은 오후 무렵 하노버 호가 출항했다. 이제 하노버 호는 엘베 강을 따라 쿡스하벤 항구로 갔다가 북해와 도버 해협을 지날 것이고, 서유럽에 면한 지중해 해안을 따라 남쪽으로 향할 것이다.

2007년 11월 14일. 하노버 호가 도버 해협을 통과할 무렵 기관사 카를 하르트만이 갑판에 나와서 망원경을 들고 바다를 수색하기 시작했다. 카를은 '오리 사냥꾼'이었다. 몇몇 선원들은 바다 위를 떠다니는 탈색된 오리를 수색하는 취미에 빠져 있었다.

바다 위에서 오리 사냥이 벌어지게 된 연유는 이랬다. 1992년 1월에 태평양 한가운데서 폭풍을 만난 화물선 한 척이 폭풍에 이리저리 떠밀리다가 컨테이너 몇 대를 잃어버렸다. 그런데 컨테이너 한 대가 문이 열리면서 플라스틱으로 만든 오리와 거북, 개구리 인형 2만 9천 마리가 바다로 밀려 나왔다. 그들 중 다수는 남쪽으로 표류하다가 인도네시아와 남아메리카 해안에 닿았다. 그런데 약 1만 마리의 오리와 개구리 인형들은 북쪽의 베링 해로 표류하다가 북극으로 밀려갔다. 이들은 1995년 경 꽁꽁 언 채로 얼음덩어리에 갇혀 있다가 6년 뒤에 그린란드에서 다시 녹아 대서양 한가운데로 떠밀려 왔다. 그러자 이번에는 멕시코 만 난류가 이들을 영국과 이베리아 반도 쪽으로 흘러가게 했다.

그사이 햇빛과 소금물에 완전히 빛이 바래 색깔이 보이지 않게 된 투명 오리를 확인할 수 있는 방법은 이들의 몸에 새겨진 'First Years'라는 표시로, 이 인형을 만드는 미국 회사 이름이었다. 선원들은 이 오리 인형을 발견하면 미국 해양학자인 커티스 에비스마이어에게 연락했다. 그에게는 이 오리 인형들이 바다의 조류에 대해 많은 것을 알려 줄 공짜 실험 대상들이었다. 커티스 에비스마이어는 해안에서 발견되는 다양한 종류의 습득물을 연구하기 위해 http://beachcombersalert.org/RubberDuckies.html 이라는 웹 사이트를 특별히 개설했다. 이 사이트는 플라스틱 오리 인형들뿐만 아니라 해안으로 떠밀려 온 운동화, 유리구슬, 기괴한 모양의 나무들, 신비한 코끼리새의 알 등에 대한 내용을 다루고 있다.

2007년 11월 16일. 하노버 호는 10시간 전에 에스파냐 북부에 위치한 항구 도시인 빌바오를 떠났다. 그사이 카나리아 제도로 향하는 몇몇 승객들과 컨테이너가 새로 배에 올랐다. 하노버 호는 이베리아 반도의 해안을 따라 남쪽으로 항해했고, 현재 지브롤터 해협의 한가운데를 지나고 있었다.

약 60킬로미터에 이르는 지브롤터 해협은 지중해와 대서양을 이어준다. 날씨가 화창한 날이면 배에서도 아프리카 대륙이 유럽의 지브롤터와 얼마나 가까이 붙어 있는지 볼 수 있다. 거기서는 유럽과 아프리카의 거리가 겨우 14킬로미터 정도 떨어져 있다. 지구상의 다른 어느 곳도 아주 부유한 세계와 가난한 세계가 그처럼 가깝게 붙어 있는 데는 없다. 날씨가 좋을 때는 모로코 해안에서 유럽을 볼 수 있을 정도였다. 유럽은 많은 아프리카 사람들이 갈망하는 파라다이스였다.

하지만 오늘은 모든 것이 안개 속으로 사라져 보이지 않았다. 그래서 승객들도 배가 이제 남서쪽으로 살짝 진로를 바꾸었다는 사실을 전혀 알아차리지 못했다. 카나리아 제도의 수도인 라스팔마스로 가기 위해서였다. 지리적으로 카나리아 제도는 유럽이 아니라 아프리카에 속한다. 그러나 지난 500년 동안 수많은 에스파냐 사람들이 그곳으로 이주하는 바람에 오래전부터 유럽의 변방으로 여겨져 왔다. 그러나 더할 수 없이 매혹적인 변방이었다. 예전에는 모든 배들이 대서양을 횡단해 미국으로 가기 전에 이곳에서 마지막으로 정박했다. 오늘날 카나리아 제도는 수많은 여행객들에게 태양이 내리쬐는 아프리카 기후에 유럽의 분위기를 제공하고 있다.

2007년 11월 18일. 하노버 호는 라스팔마스를 떠나 남동쪽으로 진로를 잡았다. 이제 세네갈의 수도 다카르로 가는 길이다.

카를은 이번 항해에서 플라스틱 오리 인형을 발견하지 못했다. 대신에 혈기왕성한 그는 오후에 수평선에서 다른 종류의 위험한 장난감을 발견했다. 그것은 소위 '호두 껍데기'라고 불리는 나무로 만든 작은 배였다. 선원들은 아프리카 난민을 싣고 카나리아 제도로 향하는 작은 배들을 그렇게 불렀다. 카를은 새로운 소식을 즉시 선장에게 알렸다.

피난민이 자주 등장하는 곳을 지나는 배들의 선장에게는 그러한 만남이 단순한 문제가 아니었다. 선장은 바다에서 위기에 처한 사람들을 도와야 할 의무가 있었다. 그 역시 기꺼이 사람의 목숨을 구하고 싶었다. 그러나 그렇게 했을 때 사방에서 곤란한 일을 겪으리라는 것은 분명했다. 피난민들은 도움을 원할까, 아니면 자신들을 조용히 내버려 두길 바랄까? 선장이 어느 나라의 주권에도 속하지 않는 공해상에서 그들을 배에 태우면 여러 가지 문제가 발생했다. 먼저 그들을

어디로 데려다 주어야 할까? 이런 경우에는 어느 나라도 그들을 받아들일 의무가 없었다. 선장들 중에서는 피난민을 배에 실었다가 그들을 받아들이는 나라가 없어서 바다 위를 헤매고 다녔던 경험이 있는 사람이 적지 않았다. 피난민들도 나중에 자신들이 원하는 곳이 아닌

다른 나라에 내리게 되어 분통을 터뜨리는 경우가 많았다. 선장이 일하는 해운 회사에서도 수많은 추가 비용을 지불해야 하는 이런 일을 전혀 달가워하지 않았다.

선장이 선교에 올랐을 때 배는 망원경으로는 보이지 않았다. 피난민들은 무선 통신에도 응답하지 않았다. 그러나 레이더 상으로는 카나리아 제도를 향해 활기차게 전진하는 모습이 그대로 잡혔다. 조난의 위험은 전혀 보이지 않았다. 선장은 가볍게 안도의 한숨을 내쉬고는 현재의 진로를 유지하라고 지시했다.

2007년 11월 20일. 하노버 호는 세네갈 해안에 도착했다. 길고 가느다란 코처럼 생긴 띠 모양의 지대가 바다로 돌출해 있었다. 돌출한 육지의 맨 뒤쪽으로 수도 다카르와 근교 도시들, 국제공항, 해안 호텔들이 있는 어촌이 펼쳐져 있다.

다카르 항구로 향하는 항로 바로 옆 연안에 길이가 1000미터에 불과한 작은 섬 고레가 놓여 있다. 고레 섬은 노예들의 섬으로 악명이 높은 곳으로, 국제연합의 교육, 과학, 문화 기구인 유네스코에 의해 세계문화유산으로 선정되었다. 예전에 노예들은 이곳에서 배에 실려 미국으로 보내졌다. 고레 섬에는 현재 많은 건물들이 들어서 있지만 섬의 중심지에는 여전히 멀리서도 알아볼 수 있는 붉은 벽돌색을 띤

 세네갈 — 가난한 나라, 부유한 나라

세네갈은 건조한 사하라 사막과 강수량이 풍부한 중앙아프리카의 숲들 사이의 경계 지역인 사헬 지대에 위치한다. 국토의 대부분이 건조한 사바나 지대로 이루어졌으며, 16퍼센트만이 경작할 수 있는 땅이다. 그러나 그 땅마저도 제대로 이용되지 않고 있다. 또한 전체 노동 인구의 3분의 2이상이 농업에 종사하지만 자국에서 필요한 식량의 절반도 생산하지 못한다.

그 이유는 대체 무엇일까? 세네갈은 거의 300년 동안 프랑스의 식민지로 있다가 1960년에야 겨우 독립했다. 그래서 대부분의 아프리카 국가들처럼 식민지 시대를 겪는 동안 몇몇 작물들만 집중적으로 경작할 수밖에 없는 상황이었다. 세네갈에서는 무엇보다 땅콩과 목화가 주요 생산품이었고, 그것은 지금까지 계속 이어오고 있다. 그런데 세계 시장에서 땅콩과 목화 가격은 지난 몇 십 년 동안 급격하게 하락했다. 미국이 자국의 목화 농장과 땅콩 농장에 강력한 재정 지원을 하고 있기 때문이다(유럽 연합도 다른 작물에서 자국의 농부들을 똑같이 후원하고 있다). 그 때문에 세네갈이 농업으로 벌어들이는 소득은 국가 전체 소득의 20퍼센트에 불과하다.

시골 생활이 가난하고 미래에 대한 전망도 어둡기 때문에 사람들은 계속 도시로 이주한다. 그래서 세네갈 인구의 절반 이상이 도시에서 살고 있다. 그러나 도시에도 일자리가 부족하기 때문에 많은 사람들이 식료품이나 복권, 중고품 등을 팔거나 여행객을 상대로 기념품이나 옷들을 판매한다.

그러나 세네갈에도 몇 가지 자랑거리가 있다. 세네갈은 서아프리카 전체에서 도로망이 가장 잘 구축된 나라이며, 다카르 항구는 서아프리카에서 두 번째로 규모가 큰 현대식 항구이다. 또한 다카르를 중심으로 설탕, 식용유, 생선, 섬유 가공업이 번창하고 있다.

둥근 건물인 '노예의 집'이 있다. 벽에는 바다 쪽으로 난 작은 문이 하나 있는데, 바로 '돌아올 수 없는 문'으로 유명한 곳이다. 그 문을 통해 나간 아프리카 인들이 다시는 고향으로 돌아오지 못했기 때문에 붙여진 이름이었다. 강제로 끌려와 몇 주 동안 좁은 방에 갇혀 지내던 아프리카 인들은 대형 범선의 화물칸에 가축처럼 빽빽하게 실린 채 긴 항해를 견뎌야 했다. 그들 중 많은 이들이 중간에 질병과 굶주림, 갈증으로 목숨을 잃는 경우가 허다했지만 배의 주인들은 양심의 가책을 조금도 느끼지 않았다. 남아메리카와 카나리아 제도의 사탕수수 농장과 담배 농장에서는 혹독한 무더위를 견디면서 일할 수 있는 일꾼들이 필요했다. 그래서 15세기에서 19세기 사이에 대략 1000만 명에서 5000만 명의 아프리카 인들이 강제로 끌려왔다. 근대 최초의 가장 잔인한 세계화의 물결이었던 셈이다.

2007년 11월 21일. 다카르 항구. 크레인이 40~50대의 컨테이너를 차례로 들어 올려 화물 하역장에 내려놓았다. 이곳에서는 하역 작업이 함부르크나 싱가포르 항구보다 조금 무질서하게 이루어졌다. 크레인 운전사는 정해진 계획표에 따라서가 아니라 그때그때 자리가 비어 있는 곳에 컨테이너를 내려놓았다.

우리는 흔히 세계화로 인해 가난한 나라들, 특히 아프리카가 착취를 당한다고 말한다. 그래서 대부분의 사람들이 아프리카에서 많은 것들을 가져올 거라고 생각한다. 19세기와 20세기 초에는 실제로 그랬다. 당시 아프리카는 다양한 원료들과 향신료, 온갖 이국적인 작물들이 풍부한 나라였고, 서양 열강은 이런 아프리카에 식민지를 세우기 위해 힘을 겨루었다. 따라서 오늘날에도 아프리카에서 수많은 컨테이너에 짐을 가득 실어 서양으로 보낼 것이라고 생각할 것이다. 그러나 상황은 정반대였다. 화물이 가득 실린 컨테이너 열 두어 대가 배에서 내려진 반면에 새로 실린 것은 겨우 서너 대뿐이었다. 때로는 컨테이너 부족을 예방하기 위해서 텅 빈 컨테이너를 실을 때도 있었다. 이것이 정말 착취일까?

그렇다. 착취는 바로 배에서 내려진 물건들과 관련되어 있다. 그것은 단지 유럽에서 보낸 헌옷들뿐이 아니었다. 항구의 선착장에는 수백여 대의 폐자동차들이 있었다. 그것은 우연일까? 그렇지 않다. 폐자동차를 잔뜩 실은 배들은 유럽에서 아프리카로 보내진 것이다. 식료품이 가득 담긴 컨테이너도 있었는데, 가령 네덜란드에서 보내는 양파와 독일의 소고기 등이다. 이러한 식료품들은 모두 선진국에서 보낸 것이고 머나먼 여정을 거쳐야 한다. 그럼에도 불구하고 세네갈 시장에서 팔리는 가격은 세네갈 내에서 생산된 물건들보다 훨씬 싸다. 세네갈 사람들은 당연히 값이 싼 외국산 식료품을 구입한다. 그러니 세네갈 농부들이 돈을 벌 수 있는 기회는 거의 없다. 외국에서 들여온 이 식료품들은 유럽 연합의 강력한 경제적 후원 속에서 생산된 것이다. 다시 말하면 유럽 연합에 속하는 나라의 농부들은 자신들이 생산하는 양파와 우유에 대해 정부로부터 일정한 금액의 지원금을 받는다. 그렇기 때문에 이 물건들은 나중에 아프리카 시장에서 그렇게 싼값에 팔릴 수 있는 것이다.

헌옷 컨테이너를 넘겨받을 무스타파는 벌써부터 항구 입구에서 물건이 도착하기만을 기다리고 있었다. 무스타파는 함부르크에서 보낸 팩스를 받는 즉시 수입 허가서를 받았고, 필요한 모든 서류를 준비했다. 그런데 항구 관리인은 계속 그의 컨테이너가 도착하지 않았다고 말했다.

무스타파는 실망해서 화물차로 돌아갔다. 컨테이너를 실어 가기 위해 준비한 차량이었다. 그는 운전사에게 기다리라고 지시한 뒤 자신의 사무실로 돌아가 함부르크에 전화를 걸었다. 그런데 함부르크에서는 오늘쯤 컨테이너가 도착했을 거라고 말했다. 하얀색 컨테이너라고.

2007년 11월 22일. 무스타파는 아침 일찍 항구로 가서 모든 하얀색 컨테이너의 표시를 확인하기 시작했다. 그러고는 땡볕에서 30분을 돌아다닌 끝에 드디어 자신의 컨테이너를 찾아냈다. 무스타파는 항구 사무실을 찾아가 자신의 화물을 찾았다고 말했지만, 항구 관리인들은 화물 목록에는 그의 컨테이너 표시가 전혀 없다는 주장만 되풀이했다.

무스타파가 오랫동안 애원한 끝에 관리인들 중 하나가 컨테이너를 확인하러 나섰다. 그는 무스타파의 컨테이너를 발견하고는 놀랍다는 듯이 소리쳤다.

"세상에! 귀신이 곡할 노릇일세! 정말로 여기 있었네!"

그는 이제 자신이 어떤 식으로 반응해야 좋을지 생각했다. 처음에는 기뻐하던 얼굴이 차츰 당황해하는 빛으로 변했다. 컨테이너는 원래 이곳에 있으면 안 되는 것이었다. 화물 목록에는 없었기 때문이다. 그는 우선 다른 동료들에게 조언을 구하기로 했다. 그러더니 한 30분쯤 후에 와서는 이렇게 말했다.

"이건 상당히 심각한 문제입니다. 우리도 통상부에 문의를 해 봐야 알 것 같습니다."

무스타파는 더 이상 견디지 못하고 두 손을 들고 말았다. 그는 세관원 하나를 조용한 구석으로 데려갔다. 두 사람은 거기서 양손을 들어 올리는 몸짓을 하거나 한숨을 내쉬면서 열심히 논쟁을 벌였다. 방글라데시에서도 이미 본 적이 있는 모습이었다.

마침내 두 사람이 원래의 자리로 되돌아왔고, 갑자기 모든 일이 정상적으로 처리되었다. 화물 목록이 일치하지 않아서 생긴 문제도 더 이상은 결정적인 것이 아니었다. 컨테이너는 내일이면 화물 목록에 기록되어 있을 것이다. 두 시간 후 컨테이너는 크레인에 들려 어제부터 대기하고 있던 화물차로 옮겨졌다.

무스타파는 드디어 출발할 수 있게 되었다. 그런데 이번에는 차가 움직이지 않았다. 무스타파가 운전사를 돌아보자 그는 어깨를 들썩이면서 말했다.

"어제까지는 분명 움직였는데요!"

그때 낯선 사람이 운전석을 들여다보면서 말했다.

"제가 석유를 가져올까요? 자전거가 있어서 바람처럼 빨리 갔다 올 수 있답니다!"

운전사는 그를 뿌리쳤다. 그리고는 망치를 들고 차에서 내려 자동차의 앞부분 덮개를 열어젖혔다. 그러자 남자 몇 명이 즉시 화물차 주위를 에워쌌다. 사하라 사막에서 길을 잃은 것이 아니라면 아프리카에서는 결코 혼자 있게 되는 법이 없다. 어디선가 사람들이 몰려왔고, 남자들은 이런저런 충고를 하면서 농담을 주고받았다. 그들은 자신들의 일손이 필요한 순간만을 기다리고 있었다. 그래야 단돈 몇 세파 프랑(CFA-Franc: 세네갈의 화폐 단위)이라도 벌 수 있었기 때문이다. 운전사는 모터 여기저기를 두드리더니 피스톤 고리를 잡아당기면서 더 큰 소리로 투덜거렸다.

"석유를 가져올까요?"

"저리 꺼져!"

운전사가 그렇게 30분을 씨름한 뒤에야 정말로 연료통이 비어 있다는 사실이 밝혀졌다. 더위를 식히려고 에어컨을 계속 틀어 놓았기 때문이다. 우선은 석유를 가져와야 했다. 세 남자가 서로 빈 연료통을 차지하려고 다투었다. 그중 하나가 연료통을 차지해 자전거를 탄 친구에게 가장 가까운 주유소로 빨리 갔다 오라고 했다. 15분 뒤 자전거를 탄 사람이 연료통을 가져와 차에 기름을 채웠다.

이제 드디어 출발이었다. 화물차는 수도 다카르 시내를 통과했다. 그러나 속도는 빠르지 않았다. 도로가 수많은 자동차와 버스, 화물차들로 붐비는데다 자전거와 모페드(모터 자전거), 수많은 사람들이 도로를 가득 메우고 있었기 때문이다. 어차피 빨리 지날 수 없으니 우리도 이곳을 한번 둘러보도록 하자.

다카르의 인구는 약 2백만 명이다. 그러나 도시는 완전히 뒤죽박죽이라는 인상을 준다. 고층 건물들 옆으로 흙벽집들이 늘어서 있고, 세련된 호텔과 술집, 상점들 옆에 합판과 골함석을 얹은 다 쓰러져 가는 집들이 있었다. 그러나 건물들 사이로 갖가지 색깔의 옷을 입은 수많은 사람들이 북적거렸다. 세네갈 사람들은 무척 가난했지만 활기차고, 쾌활하고, 다채로웠다. 또한 음악을 사랑했다. 다카르 거리 곳곳에서 음악이 울려 퍼졌다. 한쪽에서는 카리브 풍의 음악이 들렸고, 다른 쪽에서는 살사 음악이 들렸다. 그러나 세네갈에서는 특히 펑크와 팝을 아프리카 전통 음악과 결합시킨 '음발락스 음악'이 대표적이다. 이 음악은 유명한 세네갈 음악가인 유순두와 오마르 페니에 의해 전 세계적으로 알려졌다.

모든 아프리카 인들처럼 세네갈 사람들도 강렬한 색채를 좋아했다. 특히 여자들은 다채로운 색상의 옷을 입거나 다양한 컬러 무늬가 들어간 아프리카 전통 의상인 '부부(boubou)'를 입었다. 남자들도 자신들의 자동차와 어선, 상점의 간판, 또는 특별히 중요하게 생각되는 모든 것을 강렬한 색상의 무늬로 장식하길 좋아했다. 거리에서는 경적 소리가 끊이지 않았다. 모두가 다른 사람보다는 자신이 훨씬 바쁘니 자신에게 자리를 내주어야 한다고 생각하는 듯했다.

　무스타파의 창고는 조르주 퐁피두 거리의 옆 골목에 있었다. 항구에서 겨우 1.5킬로미터 떨어진 곳이었다. 그럼에도 불구하고 여기까지 오는데 30분이나 걸렸다.

　화물차는 커다란 출입문 앞에 멈춰 섰다. 운전사는 컨테이너의 문을 아직 열지 않았다. 화물차 주위에는 벌써 일감을 기다리는 남자들 여러 명이 대기하고 서 있었다. 그들은 무스타파가 고용한 사람들이 아니었다.

　아프리카에서는, 특히 대도시에서는 항상 '우연히' 현장에 와 있는 남자들을 만날 수 있다. 그들은 언제든 필요한 정보를 주려고 대기하고 있었고, 당장 필요로 하는 일을 처리해 줄 수 있는 누군가에게 데려다 줄 준비를 갖추고 있었다.

　무스타파는 짐을 내려 주는 대가로 품삯을 얼마나 주어야 할지 남자들과 거래를 했고, 2500세파 프랑(약 40유로)을 주기로 합의를 보았다. 일꾼들은 두 번째 꾸러미를 어깨에 메고 창고 안으로 들어갈 무렵부터 얼굴이 번들거릴 정도로 비지땀을 흘리기 시작했다.

　무스타파와 아주 가까운 직원 하나가 옷 뭉치의 개수를 종이 위에 일일이 기록하면서 이들의 작업을 감시했다. 나중에 이 종이에 관심을 갖는 사람은 아무도 없었다. 그러나 그는 옆에 서서 정확하게 기록하는 행동을 보임으로써 자신이 모든 짐을 주시하고 있다는 사실을 일꾼들에게 확인시켰다. 아프리카에서는 짐을 옮기는 중에 물건을 잃어버리는 일이 자주 일어났다. 나쁘게 말하자면 도난당했다고 해야 할 것이다. 그러나 아프리카 사람들은 훔친다는 말을 좋아하지 않았다.

이제 창고에 쌓인 옷 뭉치는 잠시라도 방치되어 있을 시간이 없었다. 새 물건이 도착했다는 소식이 전해지자마자 물건을 사려는 사람들이 즉시 몰려들었기 때문이다. 그들은 원래 있던 뭉치는 거들떠보지도 않고 새로 도착한 뭉치만 이리저리 살펴보았다.

헌옷이 담긴 뭉치에는 문제가 있었다. 좋은 것이 있는 반면에 나쁜 것도 있었기 때문이다. 간혹 솔기가 풀어지고 찢어진 구제 청바지가 10~20벌이 들어 있는 좋은 뭉치를 고를 때가 있었다. 아프리카 사람들도 유행에 민감했고, 어쩌면 유럽 인들보다 훨씬 더 민감했다. 세네갈의 젊은이들은 신문 광고와 영화, 인터넷을 통해 부유한 나라의 최신 유행에 대해 정확하게 알고 있었다. 그래서 싸구려 상점에서 파는 밝은색 청바지는 세네갈에서도 입으려는 사람이 아무도 없었다. 그런 청바지를 입느니 차라리 다른 바지를 입는 편이 더 낫다고 생각했다.

어떤 때는 집 안에서 입을 수 있는 옷들과 색깔이 화려하지 않은 면

바지와 셔츠만 들어 있는 나쁜 뭉치를 고를 때도 있었다. 좋은 것과 나쁜 것을 미리 분명하게 구분할 수만 있다면 누구나 좋은 것을 사려고 할 것이다. 그러나 거래가 끝나기 전에는 옷 뭉치를 열어볼 수 없었다. 그렇게 한다면 누구나 좋은 것만 고르려 할 테니 어쩔 수 없었다. 겉에서 볼 때 옷 뭉치들은 서로 크게 다르지 않았다.

　무스타파의 창고로 급히 달려온 사람들 중에는 아이샤도 끼어 있었다. 아이샤는 다섯 아이를 둔 서른여덟 살의 어머니로 북쪽의 생루이 거리에서 장사를 하고 있었다. 그녀는 오늘 새로 도착한 물건을 구

입하기 위해서 새벽 4시에 일어나 다카르까지 온 것이다.

아이샤는 비닐봉지 사이로 파란색과 선홍색 옷들이 여러 개 보이는 옷 뭉치를 골랐다. 그것 안에 사람들이 좋아하는 청바지와 화려한 색의 옷들이 들어 있기를 바랄 뿐이었다. 아이샤는 이 뭉치를 사는 데 약 120유로를 지불했다.

한 소년이 아이샤와 함께 있었다. 열다섯 살의 모하메드였다. 모하메드는 하루 종일 아이샤 곁을 떠나지 않으면서 힘든 일들을 대신했다. 무거운 옷 뭉치를 대형 모스크(이슬람교 사원) 근처에 있는 버스 정류장까지 끌고 가는 것도 모하메드의 일이었다. 그곳에는 소형 버스인 '택시브루스'들이 서 있었다. 택시브루스는 일정한 노선을 운행하는 시외버스인데 출발 시간은 정해져 있지 않았다. 이 버스는 원래 12인승이었다. 그러나 운전사가 추가로 나무로 만든 임시 의자와 접이식 의자를 비치하거나 간단한 쇠막대기를 설치해 놓았기 때문에 꾸역꾸역 밀어 넣으면 30명이 탑승할 수 있었다. 버스는 그 정도 인원을 태우기 전에는 아예 출발도 하지 않았다.

오늘도 버스에 승객이 가득 찰 때까지 두 시간이나 기다려야 했다. 자리가 너무 비좁아서 승객들은 몸을 돌릴 수도 없었고 심지어는 팔을 올리는 것조차 힘들었다. 아이샤와 모하메드는 묵묵히 앉아서 땀을 뻘뻘 흘리고 있었다. 버스는 도대체 언제 출발하려는 걸까? 한 남

목화와 전통 의상 – 아프리카는 왜 과거의 다채로움을 잃었을까?

아프리카를 생각하면 우리는 코끼리와 사자, 영양 무리가 살고 있는 세렝게티 초원과 각양각색의 옷을 입은 수많은 사람들을 떠올린다.

그러나 현재 아프리카 사람들이 입는 옷들 대부분은 헌옷 수거함에서 나온 것이다. 매년 유럽에서 수거되는 헌옷 수천 톤이 서아프리카로 보내진다. 반면에 북아메리카에서 나오는 옷들은 동아프리카로 보내진다.

그런데 이렇게 수입되는 헌옷들로 인해 아프리카 사람들의 고통은 더 커진다. 다른 나라에서 들여온 헌옷들이 시장에서 아주 싼값에 제공되면서 아프리카에서 만들어진 옷들을 점점 밀어내게 된 것이다. 원래 아프리카 내에서 이루어지던 의류 생산은 많은 사람들에게 일자리를 제공했다. 목화 재배를 비롯해서 실을 잣고, 옷감을 짜고, 바느질하는 일 등에 많은 사람들의 일손이 필요했기 때문이다.

그러나 가나의 경우는 다른 아프리카 국가들과는 상황이 다르다. 가나 사람들은 오직 민족 고유의 의상만을 사 입는다. 또한 말리에서는 전통 의상인 부부가 여전히 신분의 상징으로 여겨진다. 부부는 화려하고 정교한 자수 장식이 달린 긴 옷인데, 옷을 만드는 데 필요한 모든 재료를 말리에서 나는 것으로 사용한다.

가나의 쿠마시 지방에 있는 상류층 사람들이 전통 의상을 입고 있다.

자가 운전석 창가에 나타나더니 운전사에게 뭐라고 열심히 떠들면서 소포를 건넸다. 어쨌든 승객들은 그것이 출발 신호이기만을 빌었다. 실제로 운전사는 버스의 시동을 커더니 좌우를 살필 겨를도 없이 북쪽으로 향하는 간선 도로를 질주했다.

승객들은 버스를 통해 들어오는 바람을 즐겁게 음미했다. 그러나 잠시도 긴장을 풀 수는 없었다. 교통 상황이 허락하는 한 운전사가 속도를 한껏 올렸기 때문이다. 그는 정류장에서 지체한 시간을 몇 분 안에 만회하려는 사람처럼 가속 페달을 열심히 밟았다. 승객들은 끊임없이 이리저리 흔들렸고, 창가에 앉은 사람들은 이러다가 사고라도 나서 목숨을 잃지 않을까 걱정하기 시작했다.

"알라는 전능하시고 무함마드는 그의 예언자로다!"

모하메드가 낮은 소리로 기도문을 읊조렸다.

그러나 아이샤는 운전사의 난폭한 운전 방식에 단련이 되어 있는 듯했다. 그녀는 버스의 뒤쪽을 살펴볼 수 있는 자세로 계속 앉아 있었다. 아이샤에게 일어날 수 있는 최악의 사고는 버스 지붕 위에 얹혀 있는 옷 뭉치를 잃어버리는 것이었다.

2007년 11월 23일. 항구 도시 생루이는 서아프리카의 베네치아 같은 곳으로 식민지 시대에 프랑스 인들에 의해 세워졌다. 구시가

지의 중심부는 세네갈 강과 바다 사이에 길쭉하게 뻗은 섬 위에 놓여 있으며, 그곳까지는 500미터 길이의 다리가 놓여 있다. 아치 형태의 이 다리는 프랑스 출신의 토목 기사인 구스타브 에펠의 작품으로, 파리에 있는 유명한 에펠 탑처럼 강철을 사용해 만든 것이다. 구시가지 중심부에는 식민지 시대에 지은 돌집들이 오밀조밀 모여 있는데, 집들이 낡아서 점점 더 황폐해지고 있었다. 아이샤의 가족도 그곳에 살았다.

아이샤와 모하메드는 버스를 10시간이나 타고 다시 한 번 갈아탄 뒤 밤이 되어서야 집에 도착했다. 아이샤는 오늘 중으로 짐을 풀어 새 물건들을 진열할 생각이었다. 그녀의 매대는 해변 근처에 있는 시장에 있었다.

아이샤는 간단한 계산을 시작했다. 옷 뭉치를 사는데 120유로를 지불했고, 그녀의 가족이 2주간 살아가는데 들어가는 생활비도 대강 120유로였다. 그러니 120유로를 주고 산 헌옷들로 최소한 240유로를 벌어야 했다. 계산이 대충 맞을 때도 있었지만 늘 그런 것은 아니었다. 간혹 아이샤 같은 소매상인들이 완전히 허탕을 치는 경우도 있었다. 가령 몇 주 전에는 120유로를 주고 구입한 옷 뭉치로 겨우 100유로를 벌어 손해를 보았다.

그러나 그런 일이 생겨도 아프리카에서는 돈을 돌려받거나 물건을 반환할 수 있는 권리라는 것이 없었다. 이곳 사람들은 그런 시련을 묵묵히 견디면서 살았다. 불평하거나 하소연하지 않았고, 모든 시련에도 불구하고 앞으로 살아가야 할 방법을 다시 모색했다.

2007년 12월 3일. 생루이 해변에 나무로 만든 수많은 어선들이 정박해 있다. 어선들 대부분은 그럴듯한 그림으로 장식되어 있었고, 아이다 생루이, 무슬림 엑스프레스 등의 환상적인 이름이 붙여져 있었다. 이 어선들을 카메라에 담기 위해서 일부러 찾아오는 여행객들도 있었다. 어부들이 고기잡이를 나갔다가 돌아오고, 해변이 어획량을 보려고 몰려든 사람들로 북적일 때 사진을 찍으면 특히 멋진 광경이 연출되었다.

그러나 그렇게 아름다운 광경은 현실이 아니었다. 예전에 물고기를 잡으러 바다에 나간 어부들은 하루 이틀이면 돌아왔다. 물고기를 너무 많이 실어서 배가 가라앉지 않을까 걱정할 정도였다. 그러나 요즘은 일주일 내내 바다를 떠다니는데도 어획량은 형편없이 적을 때가 많았다. 그것은 어부들 코앞에서 바다 밑바닥까지 그물을 끌고 다니면서 물고기를 남김없이 잡아들이는 대규모 저인망 어선들 때문이었다.

해변에 몰려든 사람들 중에는 열여덟 살 청년 아드라메도 있었다.

그는 내륙 지방에 있는 작은 시골 마을 출신이었다. 그곳은 몇 년 전부터 일자리가 전혀 없었다. 물이 너무 부족해서 목화를 재배하기가 힘든데다 가격이 폭락한 이후로는 땅콩 농사를 지어도 수익을 기대하기가 어려운 탓이다.

아드라메는 한동안 다카르를 배회하고 다녔다. 그러나 어쩌다 한 번씩 날품팔이 자리를 얻는 게 고작이었다. 좀 더 나은 일자리를 얻으려면 인맥이 필요했지만 다카르에는 친척도 없고 아는 사람도 전혀 없었다. 그래서 아드라메는 유럽으로 가고 싶었다.

특히 옛날 동창생이었던 아드불레일에게서 유럽에 관한 이야기를 들은 뒤로는 가고 싶은 마음이 더 커졌다. 아드불레일은 유럽에서 무척 행복하게 살고 있다고 했다. 그는 6개월 전에 고향을 찾아왔었다. 멋진 옷을 차려입고 커다란 시계와 선글라스를 끼고 있었으며, 뚱뚱한 백인 여자를 함께 데리고 왔었다. 그의 아내였다. 독일에는 잘생긴 흑인 남자와 결혼하려는 여자들이 줄을 지어 기다리고 있다고 했다.

"알라후 아크바르(Allahu Akbar: 신은 위대하다는 뜻으로 이슬람교의 기도문에 나오는 말이며 일상적인 대화에서도 많이 사용된다 - 옮긴이). 일단 그곳에 가기만 하면 모든 게 아주 간단해!"

아드불레일이 아드라메와 단둘이 있을 때 해 준 말이었다.

"확실한 직업도 얻을 수 있어. 난 레스토랑에서 일하고 있어. 맥도

날드라고, 전 세계에서 가장 큰 레스토랑 체인점이지. 머리 모양을 레게 스타일로 바꾸고 어슬렁거리는 걸음걸이에 익숙해지도록 연습해 봐. 알겠냐? 일단은 외모가 근사하게 보이는 게 중요하거든. 그러면 여자들이 너를 돌아볼 거야. 넌 그 중에서 마음에 드는 여자를 고르기만 하면 돼."

아드불레일은 아드라메의 옆구리를 쿡 찌르면서 계속 떠들었다.

"거기는 날이 좀 추워. 대신에 세상에 있는 갖가지 종류의 옷들을 입을 수가 있어. 마음에 드는 옷을 보면 바로 사면 되거든. 그쪽 사람들은 그런 걸 완전 신품을 산다고 말해."

친구가 유럽으로 돌아간 뒤부터 아드라메는 마음을 잡을 수가 없었다. 이젠 수도 다카르에 사는 것도 그의 목표가 아니었다. 그는 오직 유럽으로, 파라다이스로 가고 싶었다.

아드라메는 며칠 전부터 자신을 카나리아 제도로 데려다 줄 보트를 찾아 나섰다. 배의 크기가 어느 정도이고, 얼마나 오래되었는지는 상관없었다. 배에 타는 사람이 모두 몇 명인지도 그의 관심거리가 아니었다. 중요한 건 수중에 있는 350유로로 뱃삯을 지불할 수 있다는 사실뿐이었다. 그 돈도 친구들과 친척들에게서 힘들게 빌려서 모은 것이었다.

그러나 밀입국 알선 업자들은 돈이 너무 적다며 그를 거절했다. 자

리 하나당 최소한 500유로나 600유로는 내야 한다는 것이다. 그들은 어부들에게서 보트를 사들여야 했고, 경험이 많은 뱃사람을 고용하는 비용과 기름 값을 지불해야 했다. 그 외에도 은밀하게 뒤를 봐주는 사람들과 유럽으로 가려는 난민들과의 접촉을 주선해 주는 중개

인들도 항상 돈을 요구했다.

2007년 12월 7일. 아드라메는 배편을 구하려고 시내를 돌아다니는 동안 밀입국과 파라다이스의 실상에 관해 좋지 않은 소문들을 들었다.

며칠 전부터 라디오에서는 정부에서 만든 짧은 선전 문구가 밤낮으로 흘러나왔다. "너희들의 꿈은 이루어지지 않는다!" 보트를 타고 밀입국을 시도하는 사람들 대부분은 유럽에 발을 들여놓지도 못한다고 했다. 물에 빠져 죽거나 본국으로 되돌려 보내기 때문이다. 그들이 설령 유럽에 도착한다고 해도 불법 체류자 신세를 면할 수가 없다. 그래서 힘들고 지저분한 일만 도맡아서 하게 되지만 임금을 받지 못하는 경우도 허다하고, 몸이 아파도 병원을 갈 수가 없다.

그러나 해변에 모인 사람들은 이렇게 말했다.

"라디오에서 저런 방송이 나오는 건 유럽 인들이 광고 비용을 대기 때문이야!"

오늘 카페에 들어갔는데 한 사람이 정부가 유럽의 비행기와 헬리콥터, 기관총으로 무장한 쾌속선들이 공해의 경계 지역을 순찰하는 것을 허용했다는 소식을 전해 주었다. 유럽 순찰대는 피난민 보트에 돌아갈 것을 요구하고, 요구에 응하지 않으면 발포를 한다고 했다.

 # 서아프리카와 유럽 - 고난의 역사

오늘날 서아프리카 어부들은 자신들의 배를 불법 밀입국 업자들에게 팔아 버린다. 고기잡이로는 도저히 생계를 이어 가지 못해서 어쩔 수 없이 선택하는 방법이다. 그 책임은 특히 서아프리카 연안에서 물고기 떼를 잡아가는 유럽의 대형 저인망 어선들에 있다.

유럽 연합은 어업에 종사하는 자국민들의 일자리를 보전하기 위해서 2000년에서 2006년까지 4백만 유로를 지출했다. 지출한 금액의 상당 부분은 서아프리카 국가들로부터 조업권을 사들이는 데 사용되었다. 그러나 이 돈은 서아프리카의 어민들이 아니라 행정 당국의 수중에 들어갔다.

유럽 연합의 지원금은 원래 유럽 내의 일자리를 보전하기 위한 것이었다. 그런데 유럽의 어부들은 이 돈을 실제로는 더 크고 현대적인 배를 구입하는 데 사용했다. 또한 유럽, 특히 에스파냐의 저인망 어선들은 값싼 임금으로 서아프리카 사람들을 고용하는 경우가 많았다. 따라서 실상은 유럽 연합의 지원금 덕분에 서아프리카 사람들이 착취를 당하고 있고, 동시에 서아프리카 어부들의 생활 토대가 파괴되고 있는 것이다.

언론에서 이러한 상황에 대한 비판이 제기되자 유럽 연합은 어민들에게 보다 강력한 조업 의무를 부과했다. 어린 물고기들을 보호하기 위해서 연안에서 싹쓸이 조업을 금지시켰고, 너무 촘촘한 그물을 사용하지 못하게 했다. 이런 방법으로 아프리카 어부들의 연안 조업권을 보장하려는 의도였다. 그러자 세네갈 정부는 즉각 더 많은 돈을 받고 연안에서의 조업권을 한국에 팔아 버렸다. 자국의 어민들을 보호하기 위한 장치는 전혀 마련하지 않았다.

그러자 다른 사람이 끼어들어 소리쳤다.

"다 쓸데없는 소리! 자네들은 우리 정부가 외국인들이 우리나라 사람들을 죽이는 걸 정말로 허락했을 거라고 믿나?"

"우리 정부가 무슨 짓은 못하겠나! 우리를 받아 주는 나라만 있으면 노예로라도 팔아 버리려고 할 걸세."

또 다른 사람이 흥분해서 말했다.

그러자 한동안 침묵이 흘렀다. 모두들 자신들의 신세가 보잘것없고 의지할 곳도 없이 처량하다고 느꼈다.

얼마 후 아드라메는 또 다른 소문들을 들었는데, 그 소문이 그의 머릿속에서 떠나질 않았다. 많은 배들이 폭풍으로 부서지거나 방향을 잃어서 끊임없이 한 곳만 맴돌 수도 있다고 했다. 그러다가 결국은 배가 뒤집혀서 안에 있던 사람들이 모두 물에 빠져 죽으면, 그들의 시체가 모로코 해안까지 밀려오는 경우가 있다는 것이다.

아드라메는 자신에게는 결코 그런 일이 생겨서는 안 된다고 생각했다. 그래서 주술사인 '마라부'를 찾아가기로 마음먹었다. 마라부는 주술사이면서 의술을 행하는 사람이었다. 세네갈 사람들은 원래 이슬람교도들이다. 그러나 이슬람교가 전파되기 이전에 존재했던 예전의 풍습과 여러 신들에 대한 숭배 의식도 완전히 사라지지는 않았다. 세네갈 사람들은 모든 자연에 영혼이 깃들어 있고, 자연 만물에

착한 귀신과 나쁜 귀신이 숨어 있다고 믿었다. 그러한 존재를 볼 수 있는 사람은 마라부뿐이었다. 어떤 사람의 주변에, 또는 여행을 떠나는 길에 착한 귀신이 떠돌고 있으면 모든 일이 뜻대로 이루어진다는 것을 뜻한다. 그러나 나쁜 귀신이 떠돌고 있으면, 마라부는 주술의 힘을 빌려 귀신을 쫓아 버려야 했다. 그런데 때로는 마라부도 귀신을 쫓지 못하는 경우가 있었는데, 그럴 때면 마라부는 계획한 일을 포기하라고 권고했다.

아드라메는 복채를 놓고 마라부와 한참 동안 흥정을 벌였다. 흥정을 끝내고 돈을 지불하자 마라부는 선조들과 보이지 않는 자신의 신들에게 도움을 청했다. 그는 병에 담긴 이상하게 보이는 액체를 마시더니 몸을 이리저리 흔들면서 눈을 굴리기 시작했다.

마라부는 주문을 외면서 아드라메의 머리 위에 손을 얹어 축복을 했고, 그의 얼굴에 이상한 액체를 조금 뿌렸다. 그러더니 무슨 말인가 중얼거리기 시작했는데, 아드라메는 그중 몇 마디만 드문드문 알아들었다.

"너희들은 … 목표에 … 도달하리니 … 허나 … 길고 … 어두운 그림자가 … 너희들의 배 위에 … 그것이 너희를 뒤쫓고 … 반짝이는 무엇인가 … 너희를 보호하니…"

반짝이는 무엇인가가 보호해 준다고? 아드라메는 마라부의 말이 무슨 뜻인지 묻고 싶었다. 그러나 그는 몽롱한 상태에서 갑자기 깨어나더니 한마디만 던지고 일어섰다.

"피곤하니까 썩 물러가!"

반짝이는 무엇인가를 보호해야 한다는 말인가? 아니면 반짝이는 무엇인가로 나를 보호해야 한다는 말인가? 아드라메는 그 말이 무슨 뜻인지 곰곰이 생각하면서 반나절 동안 시내를 돌아다녔다. 그러다가 아이샤의 매대에서 빨간색 인조 양털 조끼를 발견했다. 어쩌면 저게 어떤 징표일지도 몰라. 아드라메는 생각했다.

"꼭 마법의 조끼처럼 보이네요!"

아드라메가 아주 순진한 얼굴로 말을 걸었다.

"제대로 볼 줄 아네. 이건 방수 처리가 된 천으로 만든 조끼야. 그래서 물에 젖지 않고, 그렇다고 더워서 땀을 흘리는 일도 없어. 이 조끼에는 정말로 마법의 힘이 들어 있거든. 그래서 130프랑(2유로)을 받으면 내가 손해를 볼 정도로 싼 값이야."

이제 아드라메가 반박할 차례였다.

"그렇게 좋은데 왜 아무도 안 샀어요? 이 조끼에 저주가 내렸을지 누가 알겠어요. 게다가 그렇게 근사해 보이지도 않고."

아드라메는 조끼를 펼쳐 보았다.

"여기 좀 봐요. 이렇게 큰 얼룩까지 있잖아요!"

"그러니까 130프랑만 내라고!"
아이샤가 재빨리 말했다.
"특별 할인 가격이야. 어서 돈이나 내!"
이렇게 해서 빨간색 인조 양털 조끼는 마침내 새로운 주인을 만났다.

목마른 자와 목마르지 않은 자
― 망망대해를 표류하는 난민 보트

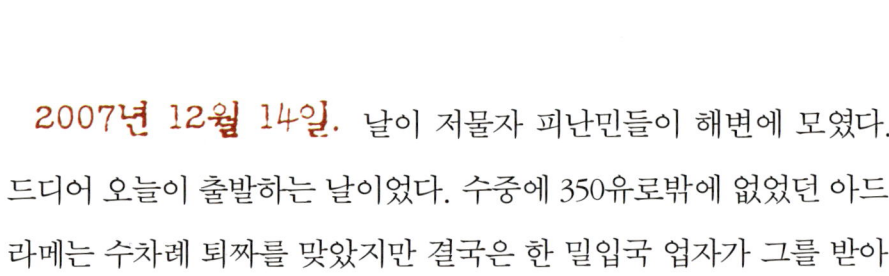

2007년 12월 14일. 날이 저물자 피난민들이 해변에 모였다. 드디어 오늘이 출발하는 날이었다. 수중에 350유로밖에 없었던 아드라메는 수차례 퇴짜를 맞았지만 결국은 한 밀입국 업자가 그를 받아 주기로 한 것이다. 그러나 험상궂게 생긴 남자는 경고의 말을 잊지 않았다.

"그 돈으로 사치를 기대할 생각은 마라. 그건 정확히 뱃삯과 기름값이니까, 나머진 네가 알아서 해결해!"

그 후 며칠 동안은 아무 일도 일어나지 않았다. 아드라메는 오후만 되면 해변으로 나가 밀입국 업자를 찾아갔다. 그때마다 그는 내일쯤 떠날 거라고 말했다. 피난민들은 벌써 두 번이나 해변에 모였다. 그러나 그때마다 날씨가 나빠서 배를 띄우기가 곤란하다는 대답을 들어야 했다. 파도가 2미터 이상 높을 때는 사방이 트인 보트를 타고는 도저히 바다를 건널 수 없다는 것이다. 그러나 오늘은 드디어 출발이었다. 밀입국 업자가 돈을 거둬들였고, 사람들의 신분증과 출신이 드러날 만한 자료들을 모두 태워 버렸다.

"서류는 이게 단가? 단 한 사람이라도 신분증을 가지고 있다가 발각되면 모두 본국으로 송환된다는 걸 명심해라. 공해상에서 순시선에 들켰을 때 수중에 신분이 드러날 수 있는 서류가 있으면 절대 안 된다. 이름은 알려 줘도 상관없지만 어느 나라 출신인지 말하는 건 금물이다. 그러면 그들도 당신들을 세네갈로 되돌려 보내지는 못한다. 그건 법으로 금지되어 있으니까. 일단은 공해에 도달하는 것이 최우선 목표니까 앞으로 몇 시간 동안은 무슨 일이 일어나도 쥐 죽은 듯이 입을 다물고 있어야 한다."

아드라메의 친구는 보트를 미리 샅샅이 살펴보라고 충고했다. 배에 구멍은 없는지, 엔진 상태는 쓸 만한지, 기름은 충분한지 점검하라고 했다. 또 목표 지점을 정확하게 찾게 해 주는 항법 장치가 갖춰져 있는지도 알아보라고 했다. 하지만 아드라메가 무슨 수로 그런 것을 알아낸단 말인가?

날은 어두웠고, 그들은 출발하기 직전에야 보트에 오를 수 있었다.

밀입국 업자는 무척 험악해 보였고 허리춤에는 커다란 칼까지 차고 있었다. 게다가 아드라메는 남들보다 적은 돈을 내고 보트에 올랐다. 그런데 지금 그런 문제들을 물어본다면 돈도 돌려받지 못하고 쫓겨날 게 분명했다. 결국 아드라메는 자세히 살펴보지 않고 바로 보트에 올랐고, 62명이나 되는 다른 피난민들 사이를 비집고 들어가 자리에 앉았다.

아드라메의 자리는 보트의 맨 앞쪽이었다. 좋은 자리는 아니었지

만 돈을 적게 냈기 때문에 더 나은 자리를 요구할 처지도 아니었다. 보트가 파도를 가르며 앞으로 나아가자 특히 앞에 앉은 사람들이 물에 젖었다. 그러나 아드라메는 인조 양털 조끼를 입고 있어서 괜찮았다. 나중에 물보라가 일어 보트 위로 계속 흩날릴 때도 그의 '마법의 조끼'는 젖지 않았다.

보트가 해변의 넘실거리는 파도를 뒤로 하자마자 보트 인솔자가 또 다른 지시를 내렸다.

"다른 사람의 물이나 돈을 훔치다가 발각되면 그 자리에서 바다로 던져 버린다. 물은 아침저녁에 한 번 한 컵씩만 마셔라. 그렇지 않으면 준비한 물도 충분하지 않고 너무 자주 오줌을 누게 될 것이다. 대소변은 보트의 벽 쪽에 붙어서 적당히 알아서 해결해라. 보트 밖으로 떨어지지 않도록 옆 사람들에게 붙잡아 달라고 하면 될 것이다. 오줌은 반드시 바람의 반대 방향으로 누도록 해라. 그러니까 지금 같은 상황에서는 항상 뒤쪽에서 눈다. 알라의 뜻이 함께한다면 우리는 성공할 것이다."

2007년 12월 15일. 먼동이 틀 무렵 아드라메는 더 이상 해안이 보이지 않는다는 사실을 확인했다. 사방에 보이는 것은 오직 바다뿐이었다. 기분이 이상했다. 아드라메는 주위를 둘러보았다. 보트에는 젊은 남자들이 대부분이었고, 여자들도 몇 명 있었다.

아드라메 옆에 있는 사람은 늙은 남자였다. 유럽 기준으로는 늙었다고 하기 힘들었지만 아프리카 기준을 따르자면 한참 늙은 사람이었다. 남자는 53세였고, 그의 얼굴에는 인생의 모진 풍파와 환멸을 드러내는 깊은 주름이 새겨져 있었다. 이렇게 늙은 남자가 무엇 때문에 이런 힘든 여행길에 오르게 되었을까? 아드라메는 그에게 이유를 물었다.

"모두들 내가 늙었다고 생각할 거다. 어쩌면 이 여행을 끝까지 견디지 못할 거라고 생각하겠지. 하지만 나는 여기 있는 너희들 모두가 겪은 것보다 훨씬 더 많은 일들을 견뎌 왔어. 지난 40년 동안 뼈가 빠지게 일했고, 흉년을 몇 번이나 겪으면서도 끝내 살아남았어. 내 자식들은 모두 약속의 땅 프랑스에서 살고 있다. 나는 아내와 단 둘이서 살았는데, 작년에 아내가 황열병으로 먼저 세상을 떠났어. 의사들은 아예 진료를 하러 오지도 않았지. 프랑스에 있었다면 그런 일은 일어나지 않았을 거야.

아내가 죽은 뒤로는 아침에 혼자 눈을 뜰 때마다 내가 무슨 중병이라도 걸린 사람 같았고, 저녁에 혼자 잠자리에 들 때는 이게 바로 죽음이구나 하는 생각을 하게 되었지. 그래서 떠나기로 결심한 거야. 자식들에게 가는 도중에 어쩌면 죽을 수도 있겠지만 그래도 괜찮아. 난 이미 죽을 날이 가까운 사람이거든. 하지만 여기 있는 너희들은 모두 앞날이 창창하게 남아 있어. 그러니 알라께서도 그 점을 헤아리셔서 우리 보트가 가는 길을 보살펴 주실 거다."

2007년 12월 16일. 보트는 대서양 어딘가를 지나고 있다.

"저기!"

아드라메가 벌떡 일어섰다.

"저기 뭔가 있어요!"

아드라메가 옆에 앉은 늙은 남자에게 말했다.

"아니야. 아무것도 아니다."

남자가 침착하게 대답했다.

모두들 아드라메에게 앞으로도 끊임없이 육지나 높은 산들을 보게 될 거라고 경고했다. 하지만 그것은 그저 낮게 가라앉은 구름이거나 높이 솟은 물마루일 뿐이었다. 환영이었다. 몸이 지치고 힘들수록 멋진 모습들을 더 자주 보게 될 거라고 했다.

사람들은 몇 시간 동안 계속 노래를 불렀다. 똑같은 리듬이 단조롭게 반복되는 노래였다.

"호우흐 호호호 호우흐, 우리는 곧 도착하리라. 호우흐 호호호 호우흐, 아름다운 유럽에…"

그들 중 누군가 새로운 노랫말을 지어 냈다.

"호우흐 호호호 호우흐, 백인 남자들이여 조심해라. 호우흐 호호호 호우흐, 우리가 곧 너희 집에서 밥을 먹게 되리라."

그러자 사람들이 큰 소리로 웃음을 터뜨렸다.

어떤 사람은 마음을 울적하게 하는 노래를 불렀다.

"호우흐 호호호 호우흐, 우리가 다시 돌아올 수 있을까? 부모님은 어떻게 지내고 동생들은 누가 돌보려나? 호우흐 호호호 호우흐, 알라여 우리를 어떻게 하시려나이까?"

그러자 여자들이 흐느끼기 시작했고, 남자들은 말없이 먼 바다만 바라보았다.

아드라메의 조끼는 물보라와 한밤의 추위를

잘 막아 주었다. 그러나 하루 종일 입고 있어도 땀이 나지 않을 거라는 말은 사실이 아니었다. 낮에는 견디기 힘들 정도로 더웠던 것이다. 아드라메의 얼굴은 벌겋게 타오르기 시작했다.

2007년 12월 17일 이른 아침. 물고기가 유난히 풍부한 곳으로 알려진 모리타니 부근의 해안이다.

밤새 저인망 어선들은 이리저리 바쁘게 움직였다. 에스파냐 어선 알함브라도 그들 중 하나였다. 선장 미구엘은 레이더를 보면서 물고

기 떼를 쫓고 있었다. 그러나 그것을 작은 보트들과 구별할 줄은 몰랐다. 그래서 그는 생각했다. 하, 요런 괘씸한 물고기들 봐라. 저쪽에서 보이더니 그새 언제 또 이쪽에 나타났지? 감쪽같이 사라졌다가 얕은 해안 쪽으로 다가가잖아. 미구엘 선장은 일제히 한쪽 방향으로 향하고 있는 거대한 물고기 떼를 발견했다. 정어리 떼가 틀림없었다. 그는 즉시 물고기 떼가 있는 곳으로 방향을 돌렸다. 그런데 그의 어선은 뜻하지 않게 아드라메가 탄 보트를 향해 똑바로 나아갔다.

보트에 탄 사람들은 의식이 몽롱한 상태로 앉아 있었다. 미구엘 선장은 아침 햇살이 수평선 위로 쏟아져 내리는 순간에 저 멀리 앞쪽을 바라보았다. 그런데 부표처럼 보이는 무엇인가가 빨간색으로 반짝이고 있었다. 미구엘 선장은 깜짝 놀라서 즉시 키를 돌렸다. 다행히 제때에 진로를 바꾼 덕분에 그의 어선은 난민 보트 옆을 살짝 비껴갈 수 있었다. 미구엘 선장은 새벽 어스름 속에서 위치등도 밝히지 않은 난민 보트를 발견했다.

"에이, 빌어먹을 아프리카 인들!"

미구엘 선장이 욕설을 내뱉었다. 그런데 잠시 후 좁은 배에 수십 명이 다닥다닥 앉아 있는 모습이 보였다. 오, 맙소사. 목숨을 내건 난민 보트였잖아! 그는 성호를 그으면서 조금 전에 욕설을 한 것을 후회했다. 그러면서 성모 마리아에게 자신을 에스파냐 사람으로 태어나게 해 줘서 고맙다는 감사의 기도를 했다.

어선의 뒤쪽에 매달린 그물에서 일하던 선원들도 잠시 일손을 놓았다. 배의 외부 갑판에서 일하는 선원들은 모두 흑인들뿐이었다. 세네갈과 모리타니 사람들이었다. 한동안 주위가 조용해졌고, 아프리카 선원들이 아프리카 난민들의 얼굴을 바라보았다.

인사를 하거나 뭐라고 말을 하는 사람은 아무도 없었다. 왜 그랬을까? 굳이 말이 필요 없었던 것이다. 인생을 살면서 모든 상황이 이처럼 분명하고 뚜렷하게 설명되는 경우는 좀처럼 드물었다. 어선에서 일하는 선원들은 자신들의 인생에서 가장 위험했던 여행을 이미 끝낸 상태였고, 많은 사람이 목숨으로 그 여행의 대가를 치르게 되리라는 사실을 알고 있었다. 그럼에도 불구하고 그들 중 누구도 보트에 탄 난민들에게 지금이라도 계획을 포기하라고 설득할 수가 없었다.

반면에 보트에 탄 사람들은 자기 나라 사람들이 노예처럼 살면서 일하는 모습을 보아야 했다. 그러면서 그들은 생각했다.

'이 끔찍한 항해에서 무사히 살아남는다면 다시는 배에 오르지 않을 것이다. 더구나 온갖 궂은 날씨에도 뼈가 부서져라 일해야 하는 저런 어선만큼은 절대로 타지 않을 테다.'

어선에 있는 남자들도 난민들이 그렇게 생각하고 있다는 것을 알고 있었다. 그러나 그들은 현실을 훨씬 잘 알았다.

'막상 유럽에 도착하고 나면 말로만 듣던 파라다이스에 대해 깜짝 놀라겠지. 지금까지 고향에서 들었던 것과는 실상이 전혀 다르다는 것을 알게 될 거야. 신분증명서나 직업이 없으면 기껏해야 날품팔이나 할 수 있으니 말이야. 그나마 어선에서 일하면 적어도 잠자리와 아무도 빼앗지 않을 확실한 일자리는 보장된다는 걸 알아야지.'

그러나 선원들이 이런 생각을 하는 동안 난민들을 실은 보트는 이미 어스름 속으로 사라졌다. 또다시 아무도 입을 열지 않았다. 이번에는 왜 그랬을까? 그들은 서서히 일을 시작했다.

2007년 12월 18일. 대서양 어딘가. 난민들은 4일 동안 거의 아무것도 먹지 못했고, 그나마 충분하지 않았던 물도 이틀 전부터 동이 났다. 아드라메는 기진맥진해서 눈앞이 캄캄했다. 모두들 한자리에 꼼짝 않고 앉아 있으려니 뼈마디가 쑤시고 아팠다.

아드라메 옆에 있는 늙은 남자만 아무런 불평도 하지 않았다.

"나는 지난 40년 동안 열심히 일만 하면서 살았어. 아프리카에 있는 온갖 궂은일들 중에서 안 해본 일이 없을 거야. 사형 집행인이나 대통령만 빼고 말이야. 그런데 지금은 이렇게 앉아서 세상을 보고 있어. 굉장하지."

아드라메는 보트 인솔자가 방향을 잃어버렸다는 느낌을 지울 수가 없었다. 모터를 몇 시간 간격으로만 가동시켰고, 계속 조류에 의지해서 방향을 정하려고 애쓰는 흔적이 역력해 보였다.

그렇게 시간이 어느 정도 흐른 뒤부터는 늙은 남자도 깊은 생각에 잠기기 시작했다. 그는 아드라메에게 말했다.

"나한테 두 가지만 약속해 주겠나. 내가 너희들보다 일찍 여행을 끝내게 된다면 말이다. 여기 이 목걸이 부적을 지금 너에게 주마. 내가 항상 걸고 다녔던 행운의 마스코트란다. 혹시 나중에 내 자식들을 만나면 이걸 전해 주길 바란다. 그리고 여기 이 보따리에는 내 축제 의상이 들어 있다. 너희들이 나를 바다로 떠내려 보내기 전에 이 옷을 입혀 주었으면 좋겠구나. 이 옷을 입고 멋진 돌고래들과 상어들 사이로 흘러갈 수 있도록 말이다. 꼭 그렇게 하겠다고 약속해 주겠나?"

"네~에."

아드라메가 작은 소리로 대답했다. 더 이상은 아무 말도 할 수 없었다.

2007년 12월 대서양 어딘가. 정확한 날짜와 시간은 알 수 없다. 그들이 이렇게 헤매고 있는 것이 벌써 4일째인지 6일째인지도 알 길이 없다. 아드라메도 더 이상은 정확하게 헤아리지 못했다. 어차피 며칠이 지났건 상관없었다. 엉덩이가 끔찍하게 아팠다. 아드라메는 벌써 상당한 시간을 이렇게 꼼짝없이 앉아 있어야 했다. 몸을 다른 쪽으로 옮겨 앉지도 못할 정도로 자리가 비좁았던 것이다.

신기하게도 배는 고프지 않았다. 그 대신 갈증 때문에 목이 타들어 가는 것 같았다. 물은 벌써 오래전부터 동이 났다. 주변에 엄청난 양의 물이 넘실거리고 있었지만 그것은 소금물이었다. 혀에 감각이 없을 정도로 입안이 완전히 말라 버렸다. 아드라메는 하마터면 혀를 물어뜯을 뻔했다. 그들은 벌써 오래전에 도착했어야 했다. 카나리아 제도까지는 4일이면 닿는다고 했다. 보트 인솔자는 간밤에 더 이상 모터를 가동하지 않았다. 기름이 다 떨어진 게 분명했다. 그러나 아무도 물어볼 엄두를 내지 못했다. 여기저기서 누군가 한숨을 짓거나 한탄하는 소리가 들렸다.

2007년 12월 21일. 테네리페의 아메리카 해안. 드디어 휴가를 왔다! 영국인 스티브 밀러는 느긋하게 비치 의자에 기대앉았다. 자동차 정비사로 일하는 그는 휴가를 자주 갈 수 있는 형편이 아니었다. 그러나 일 년에 한 번 정도는 아내와 며칠 휴가를 떠나 눈부신 태양을 만끽하고 호텔 바에서도 술 한잔 하고 싶었다. 크리스마스 직전에 휴가를 즐길 수 있을 만큼 더운 지역은 딱 한군데뿐이었다. 바로 카나리아 제도였다.

그는 어제 저녁 호텔 바에서 너무 오랫동안 술을 마셨다. 언제, 어떻게 호텔 방까지 찾아갔는지 아직도 생각이 나지 않았다. 그러나 아내는 거기에 대한 배려는 조금도 없이 아침 9시가 조금 넘어서 그를 깨웠다.

"어서 일어나요. 이러다간 아침도 못 먹겠어요! 식사 후에 하루 종일 해변에서 더 잘 수 있잖아요."

"오늘 밤에는 일찍 자야겠어!"

스티브가 하품을 하면서 말했다. 그러나 자신의 말을 확신하지는 못했다. 그는 해변으로 나가 비치 의자에 누워 3시간 동안 잠을 잤다.

같은 시간 남서쪽으로 약 60킬로미터 지점. 난민들은 모두 아무 생각 없이 무표정하게 앉아 있었다. 그들의 얼굴은 햇볕에 더 까맣게 그을렸다. 언제부터인가 아드라메는 간간이 흐느끼는 소리만 들었다. 하소연을 하거나 한탄을 하기에는 모두들 너무 허약해져 있었다.

몇 시간 전부터 아드라메는 옆에 있는 늙은 남자가 아직 살아 있는지 죽었는지 알 수가 없었다. 그는 벌써 오래전부터 더 이상 움직이지 않았고 한숨을 쉬는 소리조차 들리지 않았다. 힘이 없는 늙은 사람들은 잠을 자면서 움직이는 걸까? 아드라메는 그를 건드리고 싶지 않았다. 정말로 잠을 자는 거라면 그를 깨우고 싶지 않았고, 만일 죽었다면 더 이상은 그를 도울 수 없었기 때문이다.

그런데 수평선 저쪽에 뭔가 보였다.

그러나 이번에도 그것은 그저 저주스러운 파도와 구름일 뿐이었다. 그들을 미혹시키는 저주받을 환영들이었다.

2007년 12월 22일, 아메리카 해안. 스티브는 비치 의자에 기대 앉아 크게 숨을 내쉬었다. 오늘도 기분이 아주 상쾌했다.

그는 몇 번이고 눈을 감았다가 다시 떴다. 앞에는 여전히 바다가 펼쳐져 있었고, 옆에는 그가 읽던 범죄 소설과 그의 아내, 그리고 선크림이 있었다. 그는 잠시 바닷물에 들어가 파도를 즐기다가 다시 비치 의자로 돌아와 앉았다. 소설을 읽으려 했지만 도저히 진도가 나가지 않았다. 한 페이지를 겨우 읽은 뒤 그는 다시 잠이 들었다.

얼마 후 스티브는 책을 옆에 내려놓고 수평선 너머를 바라보았다. 검푸른 물이 보였다. 끝없는 바다가 펼쳐져 있었다. 때때로 하얀 물거품에 의해 이리저리 찰랑거리는 망망대해뿐이었다. 그는 그렇게 하루를 보내고 있었다. 잠시 해수욕을 하다가 책을 읽고, 잠을 자다가 일어나 앉아 바다를 바라보면서. 그러다가 오후 무렵 그는 수평선에서 작은 점을 하나 발견했다. 보트인 듯했다.

그새 깜박 잠이 든 스티브는 퍼뜩 잠에서 깼다. 그는 다시 수평선 쪽을 바라보았다. 보트는 아직 거기 있었다. 아주 서서히 다가오고 있었는데, 물에 떠밀려 오는 듯했다. 자세히 보니 작은 조각배였다. 그물을 던져 놓고 기다리는 이곳 어부들이겠지. 스티브는 생각했다. 그런데 한 15분쯤 지나자 보트 위로 상당히 많은 작은 점들이 뚜렷하게 보이기 시작했다.

"여보, 저기 저 보트 말이에요……."

그의 아내가 유심히 관찰하고 있는 그에게 말을 걸었다.

"저 보트 혹시……."

"……난민 보트야!"

스티브가 불안해하는 소리로 아내의 말을 받았다.

보트가 가까이 다가올수록 그것은 점점 더 분명해졌다. 40명, 50명, 아니 60명 정도가 그 작은 나무 보트에 웅크리고 앉아 있었다. 저런 조각배로 아프리카에서 대서양을 건너오다니…….

아무래도 모터의 연료가 다 떨어진 것 같았다. 아직 힘이 남아 있는 사람은 해변까지 남은 마지막 구간을 노를 젓고 있었다.

그 사이 다른 피서객들도 보트를 발견했다. 이제 책을 읽거나 공놀이를 하는 사람은 아무도 없었다. 모두들 긴장해서 보트를 관찰했고, 무슨 일이 일어나지나 않을지 걱정하는 표정이 역력했다.

해변까지 약 50미터를 남겨 두고 파도가 일기 시작했고, 보트는 속절없이 이리저리 흔들렸다. 몇 사람이 보트에서 뛰어내리더니 두려움에 떨면서 팔을 젓기 시작했다. 그들은 수영을 할 줄 모르는 듯했다.

그러자 피서객들 중 몇 명이 난민들을 구하기 위해 물로 뛰어들었다. 스티브는 파도 속에 뛰어들어 아프리카 인을 육지로 끌어오기에는 몸이 너무 둔했다. 그러나 그에게는 비디오카메라가 있었다. 그는 무의식적으로 비디오카메라를 꺼내 촬영을 시작했다. 원래는 나중에 집에서 보려고 휴가지의 일몰 광경과 아내와 윈드서핑을 하는 사람들의 모습을 담으려 했었다.

그런데 그는 지금 충격적인 광경을 찍고 있었다. 물속에 뛰어든 피서객들은 수영 솜씨가 뛰어난 사람들이었다. 그들은 공포에 질린 채 허우적거리는 난민들에게 다가가 팔을 잡아 해변으로 끌고 나왔다.

다른 난민들은 자신들의 힘으로 파도를 헤치고 나오다가 해변 근처까지 와서 쓰러졌다. 사람들이 그들을 물에서 끌어냈다. 해변에 닿은 난민들은 갑자기 줄이 끊긴 꼭두각시 인형처럼 바닥에 푹 고꾸라졌다. 그들에겐 기뻐할 힘조차 남아 있지 않았다. 그들의 얼굴은 완전히 텅 비어 있었지만 눈에서는 적나라한 공포를 읽을 수 있었다. 간신히 죽음에서 벗어났다는 사실이 여전히 믿기지 않는 눈치였다. 그들 대부분은 몸을 부들부들 떨었다.

그사이 거의 모든 피서객들이 비치 타월과 물병을 들고 나왔다. 여행객들은 난민들에게 마실 것과 비치 타월을 건네주었다. 난민들은 타월에 머리를 대고 엎드려 기도했다.

스티브의 비디오카메라가 빨간색 조끼를 입은 젊은 청년을 포착했다. 그 역시 온몸을 떨고 있었다. 그럼에도 불구하고 무릎을 꿇고 기도하려고 했다. 그는 이슬람교도들이 기도할 때 하는 것처럼 팔을 반쯤 앞으로 뻗었다. 분명 알라에게 무사히 살아날 수 있게 해 주어 감사하다는 기도를 할 것이다.

구급차들과 해안 경비대가 차례로 도착했고, 피서객들은 생각에 잠겨 각자 호텔로 돌아갔다. 더 이상 일광욕과 해수욕을 즐길 기분이 아니었다.

저녁에 한 남자가 호텔 바에 들어와 스티브에게 말을 걸었다.

"영국의 BBC 텔레비전에서 나왔습니다. 오늘 오후에 아프리카 난민들의 모습을 비디오카메라에 담으셨다고요? 촬영한 테이프를 제가 샀으면 좋겠는데 얼마를 드려야 할까요?"

"얼마를 원하냐고요?"

"네. 촬영한 테이프와 영상에 관한 모든 권한을 넘겨주는 대가로 500파운드를 드릴 수 있습니다."

스티브는 잠시 500파운드로 할 수 있는 모든 일들을 생각하다가 이렇게 대답했다.

"500파운드는 됐습니다. 대신 저한테 맥주 한잔 사는 건 어떻습니까?"

"겨우 한잔이라고요? 밤새 마셔도 괜찮습니다."

그러나 오늘은 맥주도 별로 맛이 없었다. 스티브는 잠시나마 긴장을 풀고 한가롭게 지내기 위해서 시끄러운 세상을 떠나왔다. 그런데 오늘날에는 그것도 그리 쉬운 일은 아니다. 카나리아 제도처럼 외딴 곳에 있어도 이 세상의 어지러운 문제들이 우리를 따라오기 때문이다.

아프리카 사람이 유럽으로 갈 수 있는 방법은?

 2006년까지 아프리카 난민들의 주요 경로는 지브롤터 해협을 지나 에스파냐로 가는 것이었다. 이 길은 사하라 사막을 지나 모로코 해안까지 가야 하는데, 상당한 구간을 걸어서 지나야 하는 경우도 많았다.

그러나 2006년 이후로는 통제가 더욱 강화되었고, 모로코 당국은 난민들을 가혹하게 다루었다. 난민들은 심한 매질을 당한 뒤 버스에 실려 국경으로 보내졌고, 거기서 사막 한가운데 그대로 버려졌다. 그래서 새로운 밀입국 경로는 모로코를 우회하고 있다. 동쪽 경로는 리비아를 지나 지중해를 통해 이탈리아나 그리스로 들어가고, 서쪽 경로는 사하라 사막 서부의 모리타니 공화국이나 세네갈 해안에서 대서양을 거쳐 카나리아 제도로 들어간다.

여정은 4일에서 5일 정도 걸리고 비용은 약 600유로 정도인데 보트의 편의 시설에 따라 조금씩 차이가 난다. 다시 말하면 나무 보트인가 강철 보트인가, 모터의 성능은 얼마나 뛰어난가, 항법 장치는 갖춰져 있는가 등에 따라 각각 다르다. 예전에 세네갈의 젊은이들은 친구들과 친지들의 말에만 전적으로 의존해야 했다. 그러나 오늘날에는 상당수가 인터넷을 통해 정보를 얻는다. 인터넷은 일반적인 유럽 여행에 관한 소식들뿐 아니라 밀입국을 알선하는 정보들까지 제공하고 있다. 또한 대서양의 날씨 상황에 대해서도 미리 상세하게 알아볼 수 있다. 바람은 어느 방향에서 불어올까? 며칠 내에 폭풍이 올 가능성은 없을까? 사하라 사막의 흙먼지를 잔뜩 동반해 한치 앞도 보이지 않게 만드는 열사풍이 불 위험은 없을까?

그러나 밀입국을 막는 쪽에서도 단단히 채비를 갖추고 있다. 유럽 연합은 공동 국경 수비 기구인 프론텍스를 조직했다. 이들은 정찰기와 헬리콥터, 순시선을 동원해 서아프리카 해안에서부터 난민 보트를 찾아내 공해상으로 넘어오지 못하게 하고 있다.

미래에 대한 전망

― 이 이야기의 결말을 어떻게 바꿀 수 있을까?

2008년 3월 15일. 오늘 저녁 나는 이 원고의 마지막 부분을 출판사로 보내야 한다. 그러고 나면 원고를 수정하고, 그림을 앉히고, 레이아웃(그림과 글의 적절한 배치)을 하기까지 남은 시간이 빠듯했다. 이 작업이 모두 끝나면 책은 인쇄소로 넘겨진다. 독일의 경우 요즘은 대부분의 인쇄소들이 출판사들과는 다른 도시에 자리 잡고 있다. 심지어는 독일이 아니라 이탈리아나 슬로베니아, 또는 인도나 중국에 있는 경우도 있다. 그러나 이 책은 독일에서 인쇄될 것이다.

아드라메와 조끼는 그 후 어떻게 되었을까? 이 책을 읽은 독자들은 이미 알고 있으리라 짐작되지만 질문에 대답하기 전에 먼저 한 가지 밝혀 두고자 한다. 이 이야기는 꾸며낸 것이지 취재 기사가 아니라는 점이다. 물론 내 빨간색 인조 양털 조끼는 실제로 있었다. 이야기에 등장하는 모든 지역도 내가 기자로서 수많은 취재 여행을 다니는 동안 경험했던 곳들이다. 나는 석유 시추에서 방글라데시의 섬유 산업, 카나리아 제도로 향하는 아프리카 난민들의 보트 여정에 이르는 전 과정을 일일이 확인했다. 두바이 컨테이너 항구의 진입로는 깊이가 어느 정도일까? 치타공의 기차역 앞에 있는 거리 이름은 무엇일까? 다카의 섬유 공장에서 일하는 여공들은 몇 번이나 쉴 수 있을까? 밀입국 업자들이 알선하는 보트에 타는 방법은 무엇일까?

나는 이 이야기가 현실에서도 똑같이 일어날 수 있는 일이라고 생각한다. 그러나 2년 6개월 동안 이어지는 내 조끼의 기나긴 여정을 그대로 뒤쫓으려면 엄청난 시간과 경비가 필요하기 때문에 상상력의 도움을 조금 받았을 뿐이다. 다른 한편으로 나는 항상 '지금쯤은 어떻게 되었을까?'라는 물음을 계속 던지게 되는 이야기를 쓰고 싶었다.

이제 다시 아드라메의 이야기로 돌아가자. 아드라메는 테네리페에 도착한 이후 어떤 일들을 겪게 될까? 에스파냐 관청은 난민들 개개인의 운명에 대해서는 어떤 정보도 주지 않는다. 그래서 유럽으로 가는 데 성공한 난민들에 대해서도 알려진 바가 거의 없다. 신문이나 텔레비전 방송에서도 난민들에 관해 보도하는 경우는 매우 드물다. 어쨌든 2006년에는 조그만 나무 보트에 몸을 실은 채 파라다이스 입구에 도착한 아프리카 난민의 수는 3만 명이 넘었다. 그러나 2007년에는 더욱 강화된 해상 순찰 활동으로 인해 보트 난민의 수가 절반으로 줄어들었다. 그럼에도 불구하고 매달 카나리아 제도에 도착하는 아프리카 난민은 대략 1000명가량에 이른다. 이들에게는 무슨 일이 일어날까?

에스파냐 지방 정부와 에스파냐 언론들의 보도에 따르면 다음과 같은 사실들을 알 수 있다. 먼저 피난민들은 섬의 내륙에 있는 난민 수용소에 수용되거나 바로 에스파냐 본국으로 보내진다. 이들은 에스파냐 중앙 정부의 지침에 따라 정확히 40일 뒤에 수용소에서 풀려난다. 그러면 자유인으로서 자신이 원하는 곳으로 갈 수 있다.

합법적인 체류 허가서를 받으려면 망명을 신청해야 한다. 그러기 위해서는 고국에서 박해를 받는다는 사실을 증명해야 한다. 그것을 증명하지 못하면 신청은 거부된다. 그러나 피난민들 대부분은 가난을 피해 온 사람들이며, 그것은 망명의 이유로 받아들여지지 않는다.

그래서 이들 중 대부분이 수용소에서 나오는 즉시 불법 체류자가 된다. 이들은 시골의 허물어져 가는 집에 살거나 자신들이 직접 만든 가건물에서 생활하며, 세금과 사회 보장 분담비 등을 내지 않고 불법으로 일한다. 주로 일용직 건설 노동자와 주방 보조로 일하며, 수확철에는 시골에서 수확을 거드는 일을 한다. 형편없이 낮은 임금을 받

지만, 그것도 고용주가 제때에 돈을 주기만 하면 그나마 다행일 것이다. 신분을 감추고 다녀야 하는 불법체류자 신세인 탓에 법의 보호를 받지 못하기 때문이다.

그러면 이 책의 주인공인 빨간색 인조 양털 조끼는 어떻게 되었을까? 조끼는 이 험난한 여정을 거치는 동안 더 형편없이 닳았을 것이다. 그래서 어딘가 재활용 수거함으로 들어갔다가 재생 원료로 쓰이기 위해 다시 한 번 세계 일주를 하게 될지도 모른다. 그러나 카나리아 제도에서는 재활용이 제대로 이루어지지 않는다. 이곳에도 다양한 종류의 재활용 수거함들이 많았지만 거기에 동참하는 주민들이 많지 않았다. 그래서 내 빨간색 조끼도 어딘가 쓰레기 처리장에서 썩고 있거나 이미 소각되었을 가능성이 더 크다. 만일 소각되었다면 인조 양털 조끼는 탄소 함량이 높은 원료로 만들어졌기 때문에 해로운 이산화탄소를 공기 중에 다량으로 방출했을 것이다.

아드라메는 자신을 자유의 땅으로 데려다 준 조끼를 마스코트로 간직하기 위해서 어쩌면 한 조각 잘라 냈을 지도 모른다. 그런 다음에는 늙은 남자가 준 목걸이 부적에 함께 매달아 놓을 것이다. 그러면 나는 테네리페나 그란 카나리아, 마드리드나 바르셀로나, 나폴리나 마르세유, 함부르크나 하노버에서 혹시 아드라메를 만났을 때, 그 빨간색 조끼 조각을 보고 그를 알아볼 수 있을 것이다.

아드라메는 그 도시들 중 어딘가에서 노점상으로 일하면서 살아갈 것이다. 그곳 주민들과 여행객들에게 어떤 날은 선글라스를 팔고 어떤 날은 우산을 팔 것이다. 선글라스는 당연히 중국 제품이다. 겉으로는 그럴듯하게 보이지만 렌즈는 자외선이 차단되지 않는 제품이다. 그러나 구매자들은 세련된 외관과 저렴한 가격만을 중요하게 여길 뿐 안전과 선글라스가 만들어지는 곳의 노동 조건에는 관심이 없다. 비가 오는 날이면 아드라메는 우산을 팔 것이다. 마찬가지로 중국 제품이다. 우산은 아주 간단하게 만들어졌고 몇 번 쓰고 나면 쉽게 망가진다. 그래도 상관없다. 단돈 몇 유로면 우산을 새로 살 수 있으니 말이다.

이 이야기가 이렇게 끝을 맺어야 할까? 우리는 품질이 좋지 않은 싸구려 제품들을 앞으로도 계속 사야 할까? 그것을 만들거나 파는 사람들은 우리가 소비하는 돈의 혜택을 제대로 누리지도 못하면서 살고 있는데? 아니, 결코 그렇게 해서는 안 된다! 우리는 우리의 작은 노력으로 몇 가지 상황을 변화시킬 수 있다.

우리는 우리의 정치인들에게 압력을 가해 공정한 무역 정책을 펼치도록 해야 한다. 우리는 다른 나라들에 시장을 개방하고 시장의 규칙을 준수할 것을 요구한다. 그러면 우리의 나라들도 그와 똑같이 해야 한다. 그로 인해 어떤 분야는 더 많은 경쟁 업체들을 만나게 되고 농부들이나 어부들처럼 생활이 더 어려워지는 계층도 분명 있을 것이다. 그러나 그것을 감수해야 한다.

운동 경기에서처럼 국가 간의 무역에서도 페어플레이가 절실히 요구된다. 우리 선수는 11명이 뛰는데 상대 선수는 5명만 참가하는 축구 시합에서 승리하는 게 무슨 의미가 있단 말인가? 우리는 세계화된 시장을 위해서도 공정한 규칙을 발전시켜야 한다. 다른 대륙에서 발생하는 문제들이 우리에겐 아무런 상관도 없는 일인 양 행동하는 것이 세계화는 아닐 것이다. 그러니 여러분도 끊임없이 캐묻고 불공정한 일에 대해서는 줄기차게 이의를 제기하라!

우리는 소비자로서도 우리의 과제를 성실히 해야 한다. 우리는 우리가 행하는 모든 행동, 소비하는 모든 물건 하나하나를 통해 우리가 살아가는 세상을 함께 결정

한다는 사실을 명심해야 한다.

　우리는 하나의 물건을 구입하고 다른 물건은 그대로 내버려 두는 소비 행위를 통해서 어떤 제품과 회사가 이익을 얻게 될지, 어느 나라가 더 많은 제품을 수출할 수 있을지, 또 그 나라에서 일하는 노동자들이 어떤 근로 조건에서 일하게 될지를 동시에 결정한다.

　우리는 전용 비행기와 방탄 장치가 된 고급 리무진을 타고 각종 회의에 참석하거나 전 세계를 돌아다니는 소수의 정치인들과 국가 지도자들에게만 권력이 있다고 믿는다. 그러나 앞으로는 보잘것없는 쇼핑 카트를 밀고 다니면서 시장을 보거나 인터넷 쇼핑에서 마우스를 클릭해 물건을 구입하는 우리 모두가 소수의 정치인들보다 훨씬 막강한 영향력을 갖게 될 것이다.

　내 빨간색 인조 양털 조끼를 예로 들어보자. 나는 조끼를 구입하기 전에 다음과 같은 것들을 미리 생각했어야 했다. 이 조끼는 어느 나라에서 수입되었고, 어떤 조건에서 만들어졌나? 이 조끼를 만드는 데 얼마나 많은 에너지가 소비되었고, 얼마나 많은 쓰레기가 발생했으며, 앞으로 얼마나 많은 쓰레기가 더 발생할 것인가?

　백화점들과 대형 할인 매장들은 우리가 원하는 물건들을 제공한다. 물건을 만드는 사람들의 노동 조건과 인간과 환경에 미치는 영향에 대한 고려 없이 만들어진 싼 물건들을 제공한다. 우리는 근사해 보이는 운동화나 세련된 바지, 헐값에 팔리는 인조 양털 조끼를 포기할 수 있어야 한다. 적어도 이런 물건들이 약자에 대한 사회적인 연대감 속에서, 환경 친화적인 조건 속에서 만들어질 때까지 말이다.

어쨌든 나는 다음에도 따뜻한 작업복으로 방글라데시에서 만든 인조 양털 조끼를 구입하기로 굳게 결심했다. 대신 공정한 조건에서 만들어진 것으로 구입할 작정이다. 다만 이번에는 빨간색이 아니라 갈색이나 회색이었으면 좋겠고, 어쩌면 파란색이나 베이지색도 괜찮을 듯하다.

① 아랍에미리트 ···→ ② 방글라데시 ···→ ③ 싱가포르 ···→ ④ 독일 ···→ ⑤ 세네갈 ···→ ⑥ 카나리아 제도